Léonce R. Bayebane

Le sens de la vie

Léonce R. Bayebane

Le sens de la vie

Faites de votre vie une source de bénédiction pour le monde!

Éditions Vie

Impressum / Mentions légales

Bibliografische Information der Deutschen Nationalbibliothek: Die Deutsche Nationalbibliothek verzeichnet diese Publikation in der Deutschen Nationalbibliografie; detaillierte bibliografische Daten sind im Internet über http://dnb.d-nb.de abrufbar.
Alle in diesem Buch genannten Marken und Produktnamen unterliegen warenzeichen-, marken- oder patentrechtlichem Schutz bzw. sind Warenzeichen oder eingetragene Warenzeichen der jeweiligen Inhaber. Die Wiedergabe von Marken, Produktnamen, Gebrauchsnamen, Handelsnamen, Warenbezeichnungen u.s.w. in diesem Werk berechtigt auch ohne besondere Kennzeichnung nicht zu der Annahme, dass solche Namen im Sinne der Warenzeichen- und Markenschutzgesetzgebung als frei zu betrachten wären und daher von jedermann benutzt werden dürften.

Information bibliographique publiée par la Deutsche Nationalbibliothek: La Deutsche Nationalbibliothek inscrit cette publication à la Deutsche Nationalbibliografie; des données bibliographiques détaillées sont disponibles sur internet à l'adresse http://dnb.d-nb.de.
Toutes marques et noms de produits mentionnés dans ce livre demeurent sous la protection des marques, des marques déposées et des brevets, et sont des marques ou des marques déposées de leurs détenteurs respectifs. L'utilisation des marques, noms de produits, noms communs, noms commerciaux, descriptions de produits, etc, même sans qu'ils soient mentionnés de façon particulière dans ce livre ne signifie en aucune façon que ces noms peuvent être utilisés sans restriction à l'égard de la législation pour la protection des marques et des marques déposées et pourraient donc être utilisés par quiconque.

Coverbild / Photo de couverture: www.ingimage.com

Verlag / Editeur:
Éditions universitaires européennes
ist ein Imprint der / est une marque déposée de
OmniScriptum GmbH & Co. KG
Heinrich-Böcking-Str. 6-8, 66121 Saarbrücken, Deutschland / Allemagne
Email: info@editions-ue.com

Herstellung: siehe letzte Seite /
Impression: voir la dernière page
ISBN: 978-3-639-76813-8

Copyright / Droit d'auteur © 2014 OmniScriptum GmbH & Co. KG
Alle Rechte vorbehalten. / Tous droits réservés. Saarbrücken 2014

LE SENS DE LA VIE

Faites de votre vie une source de bénédictions pour le monde !

Remerciements

De même le succès d'un homme, quoi qu'il ait accompli, ne peut être l'ultime et seul fruit de son dur labeur, de même la rédaction d'un livre ne peut porter la seule empreinte de l'auteur. À bien regarder la réussite de celui-ci, on verra une femme, un ami, des parents, un quelconque coup de pouce… Sa réussite est d'une façon ou d'une autre, la contribution directe ou indirecte d'acteurs dans l'ombre. Ce livre n'échappe pas à cette réalité.

Ainsi, je tiens d'abord à remercier ceux sans qui je n'existerais pas ; ceux qui ont su bâtir le socle sur lequel repose les connaissances de ce livre ; ceux qui ont su donner une direction à mon caractère et faire de moi dans une grande mesure ce que je suis aujourd'hui. A ma mère Catherine dont la force de caractère et le courage m'épatent et m'inspirent toujours. À mon père Aser qui dès le plus jeune âge m'a donné selon moi, la meilleure chose qu'un père donnerait à son enfant : apprendre la crainte de Dieu. Tous les deux incarnent la logique de ce livre au vu de leurs énormes sacrifices pour l'éducation de mes frères et moi ; ils sont le reflet d'une vie de service. Jamais l'envie de réussir n'a été aussi brûlante dans mon âme pour leur dire merci !

Que serait un manuscrit sans l'œil affuté d'un correcteur si ce n'est un texte truffé de fautes comme un champ de mines. Un merci spécial à ma tante Mbiim Noëlle qui malgré son emploi du temps chargé, m'aida avec la plus grande rigueur et parfois au bord de l'épuisement, à purifier le texte de ses nombreuses lacunes. Merci infiniment !

À Jordan ... un formidable ami que j'ai la chance d'avoir et qui n'a jamais eu l'ombre d'un doute, concernant mes capacités quand bien même j'étais au plus bas. Il a été le premier (même avant moi) à me dire : *« Léonce... tu dois écrire, tu en es doué !»*.

À la dame inconnue que j'ai rencontrée un jour alors que j'étais sur le point d'abandonner la rédaction de ce livre : plusieurs chapitres s'étaient effacés par mégarde et j'avais perdu la motivation. Alors, dans notre causerie elle me dit que je devrais écrire un livre. Mais le plus étonnant est qu'elle me donna exactement le titre que j'avais choisi pour mon livre : *« Léonce, you should write a book... the purpose of life (Léonce, tu devrais écrire un livre... le but/sens de la vie) »*. Cette dame me connaissait depuis à peine trente minutes et rien dans mes propos ne lui fila l'indice que j'étais en train d'écrire un livre. Cette « coïncidence » me donna un sérieux coup de pouce.

À Audrey ma sœur pour son éternelle assistance et son esprit maternel. À Steeve mon frère dont l'esprit combatif est une grande leçon de courage pour moi.

Comment oublier celle dont la confiance inlassable à mon succès et l'incessant encouragement quand je me sens lasse, sont une telle source de motivation, que me permettre d'échouer serait carrément un péché... Muriel. Merci, tu es un être formidable.

Enfin, merci à Françoise Thomas des Editions-Vie sans qui ce livre n'aurait absolument pas existé et à tous ceux qui de près ou de loin ont contribué à la finalisation de ce projet.

À vous tous je dis merci !

PREFACE

Ecrire un livre sur le sens de la vie paraît de prime abord présomptueux tant l'on sait que nous vivons dans une société où le respect des opinions est sacré ; au nom du « tout est relatif », chacun a sa façon de voir. En fait... tout le monde a raison !

Malgré l'apparente complexité de la tâche, l'auteur cherche à démontrer qu'en réalité, la vie a bel et bien un sens, une logique unique. Un sens qui assure s'il est suivi par toutes les espèces, une vie harmonieuse pour ces dernières. Il invite parfois le lecteur à se donner le temps d'observer la nature qui renferme bien de messages codés, mais déchiffrables si l'on s'en donne la peine pour qui se laisse enseigner ; il y découvrira que la nature dans son ensemble obéit à une logique qui est le sens de la vie ; il lui restera dès lors à suivre le chemin indiqué.

L'auteur pour mieux se faire comprendre opte le plus souvent pour un langage métaphorique, parfois poétique. Le lecteur pourrait ainsi perdre le fil de l'idée développée. Dans ce cas, il sera invité à relire le passage pour mieux en saisir la quintessence : c'est vrai, l'auteur n'avait pas à l'idée d'écrire un livre de divertissement mais plutôt un ouvrage qui sollicite toute l'attention du lecteur.

Pour terminer, quoique convaincu de sa logique sur le sens de la vie, et sûr qu'il mènera tôt ou tard celui qui l'emprunte avec courage et persévérance vers une vie réussie et surtout vers une sensation de plénitude, l'auteur ne voit toutefois pas en cet ouvrage un élixir absolu, tout au contraire, il suggère au lecteur de passer au crible de la critique l'idée maîtresse ainsi proposée. Mais s'il est vrai que la critique est source de progrès, il est mille fois plus vrai qu'elle n'est vraiment efficace que si elle est motivée par une seule chose *: la soif de savoir.*

Au-delà de tout, la vive espérance de l'auteur est qu'en dépit de l'imperfection de cet ouvrage, il constitue une source d'avancement pour celui dont les yeux s'y perdraient !

Leonce R. Bayebane

Toronto, 10 Octobre 2014

INTRODUCTION

Comme tout, la vie a un sens. Parvenir à le saisi, c'est trouver la clef de la porte du bonheur ; c'est l'émancipation de l'être tout entier ; la consolidation de la famille ; la prospérité de la nation ; l'unification du monde...

Jour après jour, les hommes les plus puissants se réunissent pour résoudre les conflits qui terrassent la planète. Mais cela n'est pas l'apanage des plus grands, des dignitaires de l'ONU, de l'OTAN, de l'Union Africaine, de la Ligue Arabe... même dans la plus modeste des familles, l'exercice est pratiqué. Toutes ces réunions et meeting n'ont d'utilité que si elles suivent le sens de la vie. Si elles vont dans un sens opposé, le résultat ne serait point différent de celui qu'obtiendrait cet homme entêté qui, ayant pris des cours de natation, se fourvoierait lui-même en croyant être apte à nager en sens inverse d'un fort courant d'eau. Il se débattra de son mieux, pourra même proportionnellement à sa vigueur gagner quelques centimètres. Mais au final, le courant aura raison de lui. La force du courant est continue, la sienne est intermittente et limitée. Il n'est rien d'autre qu'un vermisseau dans ce combat et sa science de la natation est tout simplement insignifiante pour lui venir en aide. Bientôt, il sera brinquebalé par les flots.

Ainsi en est-il de toutes les tentatives des hommes à trouver la paix et un équilibre du monde par le biais de toutes ces réunions. Elles n'auront tout simplement aucun effet durable et les décisions prises soit s'émietteront avec le temps, soit seront davantage source de calamités si elles « nagent » contre le courant de la vie. De même toute la science des hommes qui les prennent n'aura aucun poids face au courant de la vie. La vie nous impose sa logique !

Ce qui est valable à la grande échelle l'est à la petite. L'homme ne peut en réalité trouver un bonheur complet que s'il se détermine avec ardeur à chercher le sens de la vie et par la suite « nager » selon celui-ci. Les choses semblent alors plus simples et paisibles pour lui non parce qu'il ne rencontre jamais d'obstacles, qu'il n'a jamais de doutes ou de peines, mais parce qu'il est conforté par l'idée selon laquelle il avance dans la direction de la vie. Il ressemble à ce chercheur d'or auquel les autochtones du village ont recommandé de toujours suivre le sens du cours d'eau car il le mènera tout droit vers un filon d'or. Dès lors, notre orpailleur emprunte le sentier les yeux rivés sur le cours d'eau qui constitue sa boussole dans l'épaisseur de la jungle. Il l'observe entre les arbres, écoute attentivement l'écho de son ruissellement lorsqu'il ne peut le suivre de plus près. Mais soudain, la première tentation arrive. Il n'a plus de réserve de nourriture dans son sac. Face à lui s'offrent deux routes chacune porteuse de deux promesses différentes. La première route est celle qu'il a suivi jusqu'ici, le sens du cours d'eau. Cependant, s'il continue à la suivre, elle l'éloignera de toute possibilité de se nourrir. Sur cette voie, ne se trouve aucun arbre fruitier. La deuxième route s'éloigne du fleuve, mais sur celle-là, il est sûr et certain de trouver de quoi se nourrir. Des ramboutans, des jacquiers, et des cactus lui tendent les bras et taquinent ses papilles. Mais notre homme, tenaillé par la faim et prêt à céder à la tentation, se rappelle soudainement son but initial et les conseils des autochtones : *« suis le sens du cours d'eau et tu trouveras ton or »*. Ces paroles claironnent dans son esprit en guise d'avertissements et finissent par le sauver. *« C'est de l'or dont j'ai besoin pas de ramboutans »* se rappelle-t-il. Puis, d'un pas ferme, continue son chemin en suivant la direction du cours d'eau. Il est tenté à plusieurs reprises de rebrousser chemin à chaque fois qu'il laisse sa faim prendre le dessus, mais lorsque que cela arrive, il se concentre de nouveau sur son but : l'or ! Finalement, après avoir enduré la peine de la faim, notre chercheur d'or enfin trouve son filon. La peine est oubliée, la famine cède la place à la joie. Il avait raison de persister à suivre le cours d'eau.

Ainsi est l'homme qui suit le sens de la vie. Il peut bien rencontrer des perplexités, des obstacles, mais il connaît la promesse faite à tout homme *« suis sans détour le sens de la vie et au bout le reste te sera donné »*. Alors, son ultime question dans le ballet de son existence n'est pas de savoir si son parcours sera facile ou difficile mais s'il suit le sens de la vie.

Mais plusieurs refusent de suivre le sens que prescrit la vie tout en recherchant l'or qu'elle offre à la fin. Ils cherchent à gagner une médaille d'or sans courir ; ils cherchent à voir sans ouvrir les yeux ; à manger sans ouvrir la bouche... ils cherchent à réinventer la roue. Alors au bout, au lieu de l'or ils finissent avec des ramboutans et des jacquiers.

Il ne nous est pas demandé de donner un sens à nos vies comme plusieurs pensent et le recommandent, mais de trouver le sens de la vie et de le suivre *ad vitam aeternam* ! Une fois que vous l'aurez trouvé et suivi, la récompense est indiscutable.

Le but de ce livre n'est pas de vous dire quel est le sens de la vie mais de vous le rappeler car, en principe, tout le monde le connaît. Mais pourquoi me donner donc la peine d'écrire un livre sur un sujet connu de tous ? Tout simplement parce que beaucoup ne croient pas en cette vérité, même s'ils professent la connaître ou encore même s'ils y croient, elle est une simple connaissance intellectuelle pour enrichir les conversations de salon et donc s'arrête à des conversations. Mais si elle pénétrait l'esprit et faisait un avec lui au point d'être vue comme la vérité absolue, alors les actes suivraient automatiquement ou du moins, toutes les énergies de l'homme se vassaliseraient à elle pour en produire du fruit. L'objectif de ce livre est donc de vous proposer *ma* vérité sur le sens de la vie. J'espère, par les exemples qui suivront, les illustrations et les pensées de certaines personnes ordinaires mais qui ayant saisi cette vérité ont accompli des actes extraordinaires pour le commun des mortels, atteindre mon but.

Si vous cherchez et comprenez le sens de la vie, alors, de votre vie découlera une puissance bienfaitrice pour l'humanité, ce qui sera en soi une récompense sans pareil.

COMMENT TROUVER LE SENS DE LA VIE ?

Vous ne trouverez le sens de la vie qu'en vous mettant au service du plus haut <u>idéal</u>.

L'histoire raconte qu'un jour, un disciple assoiffé de sagesse se rendit au temple pour rencontrer son maître afin de recevoir de lui les clefs de la sagesse. Il trouva son maître en pleine méditation et avec révérence patienta un instant, le temps que celui-ci achève son recueillement.

Le maître d'un pas léger comme une plume d'oiseau s'approcha de son élève et lui demanda quel était l'objet de sa visite. Celui-ci, sans prendre le moindre détour exprima son vif désir d'acquérir la sagesse. Le maître l'observa attentivement sans mot dire puis, lui demanda de le suivre. Les deux hommes se dirigèrent vers un fleuve. Une fois arrivés sur les berges, le maître demanda à son élève d'entrer avec lui dans l'eau jusqu'à ce qu'elle leurs arrive à la taille. Où était le rapport entre sa question et l'exercice que lui imposait son maître s'interloqua l'élève.

Malgré son incompréhension du procédé, il prit la peine d'obéir. Ensuite, le maître lui fit une demande encore plus troublante : « *accroupis-toi !* » dit-il. Lorsque son élève fut accroupi, il se saisit de sa tête et la plongea dans l'eau en l'y maintenant. L'élève à bout de souffle se débâtit de toutes ses forces pour se libérer. Après quelques secondes qui parurent être une éternité pour le jeune disciple, le maître relâcha son emprise et l'élève ressortit sa tête tout essoufflé. Alors son maître lui dit : « *maintenant tu sais comment obtenir la sagesse* ». Puis il ajouta : « *si tu recherches la sagesse tout au long de ta vie avec la même ardeur que tu as manifestée pour ressortir ta tête de l'eau et respirer, si tu la recherches comme si ta vie en dépendait, sois en sûr, tu la trouveras. Elle sera alors une couronne d'or et une gardienne sûre pour ton âme ».*

La vie a un sens. Mais pour le trouver, il faut le rechercher de tout notre cœur. Que toute notre énergie soit consignée à cette quête car de la compréhension de la vie, dépend notre voyage terrestre. Manquer de saisir le sens de la vie, c'est essayer de naviguer sans boussole, sans carte, juste à vue. C'est espérer, dans la vaste étendue de l'océan, tomber sur un récif corallien par un coup de chance. Plusieurs directions s'offrent à nous à perte de vue ; vers laquelle se diriger ? On a tout ce qu'il faut, un navire tout neuf, un équipage, une radio de bord, plusieurs kilos de vivres pour un long voyage. Mais il manque un élément essentiel : trouver la direction à suivre. Sans elle, le voyage est un échec avant même d'avoir commencé.

Manquer de saisir le sens de la vie c'est aussi comme essayer de pratiquer un sport dont on néglige l'idée d'en apprendre les règles. Aussi longtemps que vous avez le réflexe de prendre le ballon de la main en jouant au football, il ne s'agit plus de football. Vous pouvez être habillé comme un footballeur, être sculpté à la perfection, mais si durant les 90 minutes réglementaires vous passez votre temps à prendre le ballon de la main et ce volontairement, vous aurez sué, couru, sauté, mais vous n'aurez tout simplement pas joué au football. Et lorsqu'on ne connaît pas les règles d'un jeu, on ne peut en saisir le sens et si on n'en saisit pas le sens, ce jeu devient tout simplement ennuyeux.

De même, l'homme peut posséder une grande fortune, avoir autant de diplômes qu'une myriade d'étoiles, porter le titre de Président ou de maçon, de croyant ou d'athée, s'il ne s'est pas attelé à saisir le sens de la vie, alors, il aura le navire en ignorant le cap à suivre, une raquette sans comprendre les règles du tennis. Il aura existé, mais il n'aura pas vécu. Réussir dans le jeu de la vie demande donc d'en comprendre le sens, d'en saisir la portée.

Plusieurs préconisent de se trouver un sens à sa vie si on veut avoir sa place au soleil et cette idée est très répandue. Le père dira à son fils : *« trouves-toi un sens à ta vie et tu réussiras »*. L'idée selon laquelle la vie n'a pas plusieurs sens mais un seul et qu'il ne nous est pas demandé de nous inventer le nôtre trouverait un accès difficile dans leur esprit. Pour eux, cela sonnerait comme vouloir mettre tout le monde dans le même moule et ignorer notre individualité. Mais il n'y a rien de plus contraire à cette idée.

Dire que la vie à UN SEUL sens qui devrait être recherché et poursuivi par tous, pour réussir notre pèlerinage ne s'oppose en rien à notre individualité tout au contraire, elle nous pousse à exploiter notre individualité pour mieux suivre le sens de la vie. Deux équipes de football qui s'affrontent jouent-elles selon des règles différentes, suivant un sens différent que celui qu'on connaît du football ? Non ! Elles suivent toutes les deux le sens donné à ce sport. Cependant, jouent-elles automatiquement selon le même style ? N'ont-elles pas en général des tactiques opposées et totalement différentes ? Un style qui leur est propre ? Le fait que le football ait UN SEUL sens ne les empêche pas d'utiliser leur créativité et d'être différentes des autres équipes. La FIFA ne s'attend pas à ce que les équipes trouvent un sens au football en fonction de leurs lubies, mais restent dans le sens préétabli tout en demeurant libres d'utiliser un style qui les définit. Serait-ce les mettre dans le même moule ? Quel chaos, quelle confusion en résulterait s'il était donné à chaque équipe de se trouver son propre sens du football ! De même, quel chaos serait-il s'il était donné à chacun de se trouver un sens à sa vie ?

Pour éviter une telle confusion, pour harmoniser les choses et nous assurer une existence réussie, la vie ne nous demande rien d'autre que de suivre la voie qu'elle nous assigne, en utilisant notre individualité au maximum de nos possibilités. Il n'y a pas mille lumières blanches, il y en a qu'une seule. Mais une fois passée par les entrailles d'un prisme, elle se décompose en sept couleurs différentes, chacune possédant sa longueur d'onde. Nos individualités doivent s'exprimer, pas suivant mille directions, mais une seule, l'ultime, celle qui s'incruste dans le sens de la vie. Comment donc trouver le sens de la vie s'il n'en existe qu'un seul ?

Le maître dans le conte a répondu à cette question : *il faut le vouloir de tout notre cœur ; voir cette quête comme la colonne qui soutiendra toutes les autres, la considérer comme le phare qui éclaire le matelot, l'étoile qui guide les mages vers l'enfant Jésus.*

Mais voilà, cette quête ne trouve pas écho dans notre esprit. D'autres quêtes lui ont volé la vedette. Saisir le sens de la vie n'est tout simplement pas dans notre agenda. De plus, la vie ne consiste-t-elle pas à avoir un diplôme, un travail, fonder une famille, gagner autant d'argent qu'on peut et…mourir ? Nous courons, courons affolés vers ces buts avec une montre à la main pour voir si nous ne sommes pas à la traîne. Si c'est le cas, un raccourci s'impose : pour certains l'essentiel c'est de se marier, pour d'autres c'est au moins un diplôme ou un travail… la vie résumée ainsi à un bout de pain et du beurre…

Stop, une halte s'impose ! Où allez-vous ? Vers où courez-vous de la sorte ? *« La vie n'est-elle pas plus que le vêtement et le pain »* dit le grand Rabbin ? Ne savez-vous pas que la vie est comme une pièce de théâtre où chaque acteur devrait jouer son rôle suivant l'idée de la pièce ? Que fait l'acteur qui veut jouer son rôle à la perfection ? Passe-t-il son temps à fantasmer sur les ourlets de son costume ? La qualité de son maquillage ? Se torture-t-il l'esprit à lorgner l'apparat de ses collègues ? Non ! L'acteur qui veut réussir étudie son texte, le révise, le répète, le perfectionne pour en saisir la portée et étudie le contexte de l'histoire du personnage qu'il va incarner. Il sait que la pièce a un but, un cadre et que sa performance doit s'y restreindre. Alors le jour-J, l'acteur arbore avec fierté son costume, se laisse pâlir le visage avec soin. Sur la scène, il se fond dans le personnage, reste dans l'idée de la pièce qu'il ne perd de vue en aucun moment. Il le fait avec facilité et grâce, il laisse le public atone, dans l'émulation. Avec la clameur de l'auditoire, il est tenté de faire une fantaisie, mais son esprit qui s'est laissé imprégner au fer rouge de l'unique but de la pièce durant de longues heures de répétition lui susurre de ne pas s'y hasarder, car sa prestation en dépend. Les rideaux tombent, la troupe se retire sous les acclamations de la foule. Mais seul son nom est scandé ; on ne parle que de lui, de son rôle joué à la perfection. Dans les coulisses, ses partenaires l'envient, mais ils n'ont qu'à s'en prendre à eux-mêmes. Leur prestation était fade, sans vie. Certains semblaient perdus sur l'estrade. Ils avaient pourtant les plus beaux costumes, un maquillage fait sur mesure, mais cela n'a pas suffi.

La raison d'une telle performance s'explique. Pendant que notre héros s'attelait à étudier son texte, le contexte historique des personnages pour saisir le sens global et y focaliser sa performance, eux ne pensaient qu'à leurs costumes, à la formes des bordures, la couleur et la qualité du tissu. Une fois sur scène, ils livrèrent une prestation si loin de l'idée de la pièce ; ils jouèrent le *marchand de Venise* de Shakespeare lorsqu'on leur demandait de jouer *Don Juan* de Molière. Ils se sont préoccupés avec zèle des accessoires au lieu du plus important : ***comprendre le sens de la pièce*** !

S'il est difficile de trouver de tels acteurs au théâtre, dans la vie courante on en rencontre régulièrement. Acteurs dont toutes les pensées, les luttes, les peines, se résument aux accessoires de la vie : avoir un diplôme, un travail, fonder une famille, gagner de l'argent et mourir. Acteurs dont la vision de la vie ne se lève pas plus haut qu'un « morceau de fromage et une croûte de pain». Leur prestation sera fade aussi longtemps qu'ils ne cherchent pas à comprendre le sens de la pièce qu'ils jouent.

Ah ! S'ils s'étaient seulement donnés la peine, l'ambition de comprendre quel sens l'auteur suprême a donné à la pièce qu'ils sont sensés jouer, alors par le truchement des lectures soigneusement choisies, de méditations et réflexions profondes, d'une retraite régulière dans le calme de la solitude lors des entractes de leurs différentes occupations, leurs pensées s'évaderaient vers des sphères plus élevées que les trivialités du quotidien, leurs âmes s'envoleraient très haut pour capter des vérités insaisissables dans le tohu-bohu et l'excitation. Alors ils pénètreraient dans la chambre sécrète de la vie. Séduite par leur soif de connaître, la vie leur révèlerait le secret, elle leur dirait en quoi elle consiste. Mus par cette illumination, ils redescendraient du sommet de la montagne, le temps venu de porter leurs costumes et jouer leur rôle à la perfection non parce qu'ils auraient été les plus intelligents mais parce qu'ils auraient d'abord recherché l'essentiel et non l'accessoire.

L'homme qui voudra connaître le sens de la vie et être un tel acteur, unira sans cesse sa prière à celle de ce poète s'adressant à l'auteur du drame de la vie :

« Je ne te demande pas de me rendre riche mais de me faire comprendre le sens de la vie, afin que j'y joue mon rôle comme cela se doit car je sais que des lors je réussirai. Mais si tu veux bien me couvrir de biens, que cela contribue à m'aider à mieux jouer mon rôle. »

LE SENS À SUIVRE

La plus persistante et urgente question de la vie est : qu'est-ce que tu fais pour les autres ?

Martin Luther King

Quel est donc enfin de compte le sens de la vie ? Jusqu'ici je ne vous l'ai pas dévoilé. Je me suis contenté de faire le tour de la question. Oui je l'ai fait ce tour, et il était nécessaire un peu comme une manœuvre de pilote d'avion de ligne à l'approche d'une piste d'atterrissage. Maintenant je vais vous le révéler, du moins, vous découvrirez vous-même entre les lignes de cette fable.

Un jour, les arbres fruitiers se disputaient sur la question de savoir lequel d'entre eux était le plus grand. Ils avaient bien entendu l'appel de leur créateur : « *Je vous ai destiné à la grandeur. Au temps opportun, je reviendrai, et je verrai lequel d'entre vous est le plus grand* »

Une compétition âpre s'engagea alors entre eux. Palmiers, manguiers, cocotiers, goyaviers, cerisiers... tous étendirent encore plus profondément leurs racines dans le sol pour en puiser de l'eau afin de s'élever le plus haut possible et avoir les meilleurs fruits qui soient. Ils poussaient, poussaient encore plus haut chaque jour ; nuit et jour, leurs angoisses se convertissaient en centimètres gagnés, en qualité et nombre de fruits acquis. Leur labeur était interminable.

Mais un arbre attisait leur curiosité. Le bananier tout près, semblait ne pas être enflammé par cette course folle ; son attitude était plutôt atypique. « *Que fais-tu bananier ? Ne trouves-tu pas que tu es à la traîne ? Tu es encore si bas alors que nous sommes déjà à des mètres de toi. Ne sais-tu pas que le maître viendra d'un moment à l'autre pour voir qui est le plus grand ?* Lui lancèrent les autres arbres. « *Oui ! Oui... mes frères je le sais et c'est justement ce à quoi je m'attèle* ». « *Pauvre fou, il a perdu la raison, il s'attèle à être le dernier voudrait-il dire* » répliquèrent les arbres.

Les fruits vinrent à maturation ; c'était le temps de la cueillette pour les hommes. Ils arrivèrent dans le jardin, mais hélas, constatèrent que les arbres s'étaient élevés si haut que leurs fruits étaient tout simplement inaccessibles. Proche du désespoir parce qu'il y avait des familles à nourrir dans le village, ils aperçurent néanmoins à quelques bornes un autre arbre dont la fraîcheur et la beauté des fruits semblaient leur redonner espoir. Ce n'était pas tout. Non seulement ses fruits semblaient beaux à leurs yeux et chatouillant pour leurs papilles, en plus, ils étaient accessibles. Ils se ruèrent tous sur lui avec d'énormes récipients et chaque famille put cueillir assez de bananes pour se nourrir. Les hommes retournèrent heureux au village priant le ciel qu'il épargne cet arbre des tempêtes à venir. Plus hauts, les autres arbres étaient déconcertés et moqueurs : « *Non seulement il est si bas ce pauvre bananier, mais en plus, il se laisse dépouiller de ses fruits. Il vient de perdre sa seule chance de rester dans la course* ».

Le jour-J vint enfin et le maître descendit dans le jardin pour faire le bilan. Catastrophe ! Les arbres qu'ils avaient créés semblaient avoir manquer le but.

« *Pourquoi êtes-vous si haut, mais pourquoi donc ?* » demanda-t-il. « *Maître, pour être grand car tu nous as dit que tu viendras voir celui qui sera le plus grand de nous tous. C'est pourquoi nous nous sommes élevés si hauts et aussi avons préservés tous nos fruits* ».

Avec indignation, le maître leur dit : « *Il n'y a pas de plus grand arbres ici que ce petit bananier. Vous, vous vous-êtes élevés en taille pour être les plus petits en valeur. A quoi servent donc vos fruits s'ils sont inaccessibles ? Quelle est donc votre utilité dans ce jardin ? Si je vous ai plantés, c'est dans l'espoir que vos fruits soient accessibles aux villageois ; pour les nourrir. Je vous ai dotés de tout le nécessaire pour remplir cette mission, pluie, soleil, nutriments. Je vous ai équipés pour la tâche, des racines pour tirer vos nutriments de la terre ; des branches pour soutenir vos fruits ; une sève pour transporter tous les minéraux vers les organes et vous rendre robuste... Ne vous-ai-je pas tout donné ? Si, je l'ai fait. Mais vous l'avez utilisé uniquement pour vous-même. Certes, vous avez utilisé tout ce dont je vous ai pourvu pour avoir de beaux fruits mais vous avez dramatiquement échoué. Vous ne servez à rien dans ce jardin. La prochaine tempête arrive, j'ai écouté les prières des villageois. Ils ne jurent que par le bananier car de lui en dépend leur survie. Il leur offre ses fruits ; il vit pour les nourrir et c'est en ça qu'il est le plus grand de tous. Je n'ai entendu aucun autre nom dans leurs prières, c'est à croire que vous n'aviez jamais existé. Alors vous serez balayés par la prochaine tempête car je ne vois aucun intérêt à vous préserver. Seul le bananier subsistera parce qu'il sert à quelque chose* ». La tempête vint, et balaya tous les autres arbres sauf le bananier. L'histoire se termine en soulignant que de génération en génération, le bananier servit ses fruits aux villageois. Ils lui dressèrent même une statue au centre du village. On fit de lui un arbre sacré.

Ce n'est qu'une fable, mais elle dépeint avec une précision chirurgicale le drame de la de vie et combien nous passons à côté de son vrai sens. L'avez-vous lu entre les lignes ? Avez-vous compris qu'il n'existe qu'un seul sens à la vie ? Avez-vous saisi de quel sens il s'agit ? Si vous n'avez cependant pas pu lire entre les lignes, alors je vous le dirai explicitement. : *Le sens de la vie est que vous soyez utile aux autres.* Ou encore : *vous ne suivrez le sens de la vie que quand vous ferez de votre vie une source d'inspiration et de bénédiction pour les autres.* Pour résumer, *si vous voulez grandement réussir, ce n'est donc pas de vous dont il s'agit sur cette terre, mais des autres !*

Bang ! Et voilà que je me prends une claque par la première objection. Verbiage inutile j'entends d'un côté. Donc, toute l'énergie que je me donnerai sur cette terre consisterait à penser aux autres ? Et qui pensera à moi ? Chacun ne devrait-il pas se débrouiller de lui-même ? Alors, je dois me laisser marcher dessus, cracher dessus, me ruiner juste pour le bien des autres ? Pur truisme sans fondement cette logique. Absurde idéalisme qui passerait plus à la messe mais pas dans la vie ordinaire.

Voilà la réplique de l'homme superficiel qui pense qu'avec une objection véhémente dont l'action précède la pensée il fait étalage de son savoir. Mais il n'est pas plus sage que cet homme à qui l'ingénieur en mine a signalé un gisement de pétrole dans sa cour. Muni d'une cuillère et surexcité par des rêves de richesse, il se met à forer lui-même pour vérifier les dires de l'ingénieur. Il creuse, creuse et creuse encore avec sa cuillère à soupe. Au bout de 80 cm, ne voyant aucune nappe noir, il se désole de lui-même ; rougit de colère à l'idée que l'ingénieur se soit moqué de lui puis vend son terrain à un autre propriétaire. Ce dernier plus perspicace, ayant vent de cette information, se s'arme d'une foreuse, et creuse pendant des semaines et des mois. Après un dur labeur, la nappe noire scintille face aux rayons de soleil. Le nouveau propriétaire le sait ; il est déjà riche. L'ingénieur avait raison...

C'est parce qu'il ne se donne pas le temps et la peine de sonder en profondeur cette vérité qu'elle paraît nauséabonde pour l'homme superficiel et qu'il ne parvient pas à saisir qu'elle sera source de son élévation. Il imagine qu'elle jouera en sa défaveur, qu'elle lui causera d'être le dernier des hommes ; qu'il n'aura pas sa place au soleil. Il sonde cette vérité avec la vigueur d'une cuillère à soupe et espère trouver un gisement d'illumination. Ah ! S'il se donnait le temps et la patience de la sonder avec la vigueur d'une puissante foreuse, il finirait par comprendre enfin qu'il dirigeait sa navette dans le sens opposé du voyage, et ferait volte-face pour s'arrimer à la logique de cette vérité. Mais hélas, sont temps est volé par le désir d'avoir les plus beaux fruits du jardin et en être le plus élevé. Comme les arbres de la fable, il a mal compris le maître.

Alors je n'essayerai pas de le convaincre (comment convaincre un homme que sa cour est riche en pétrole s'il s'obstine à ne forer que 80 cm avec sa cuillère à soupe ?) mais je lui demanderai de stopper sa course folle et de prendre le temps d'observer ce qui l'entoure, puis on reprendra la discussion.

Je lui demanderai d'observer sa chambre à coucher. Que voit-il ? Un lit, une commode, une lampe de chevet, une table de travail, des armoires, des tiroirs, des draps, des rideaux... Pourquoi gardes-tu tous ces objets lui demanderais-je ? Parce qu'ils me sont utile dira-t-il. Nous irons dans sa cuisine ; observe ! Une kyrielle d'ustensiles, d'accessoires tous différents. D'autres qu'on utilise qu'une fois dans l'année. Pourquoi gardes-tu tous ces objets et en prends-tu soins même ceux que tu utilises très rarement, ou ceux qui ne paraissent plus briller de leur éclat initiale ?

Parce que même si je ne les utilise qu'une fois dans l'année, ou s'ils ont subi l'usure du temps, ils me sont encore utiles. Les exemples sont légion dans sa maison mais je m'en tiens là. Il y a encore à faire.

        Puis je vais l'amener dehors, dans la nature et je lui dirai : observe la course du soleil. Dans sa course, il traine sa chevelure dorée afin que chaque partie de la terre soit éclairée et il le fait sans interruption depuis six mille ans. À des intervalles réguliers, il laisse la place à la lune pour qu'elle prenne le relais. Observe le rythme des saisons, ton activité agricole en dépend. Observe le cycle de l'eau ; pourrais-tu t'en passer ? Observe le labeur interminable des abeilles, des termites ; des fourmis ; observe les insectes en un mot. Observe, oui observe, tu ne le fais jamais, tu es trop occupé. Observe le fonctionnement des plantes et comprend la photosynthèse. Observe la variété des arbres fruitiers ; leurs vertus thérapeutiques. Observe les animaux de la savane, de la forêt, il y en a tellement que tu ne peux tous les connaître ; Observe la richesse des fonds marins, richesse en source d'énergie, en nourriture ; richesses de toutes sortes. Oui observe bien la nature. As-tu remarqué une créature, un élément, une entité, qui ne soit d'aucune utilité ? C'est un ballet harmonieux, c'est une valse, un tango, un orchestre réglé à la perfection et ce dans un seul but : te servir, toi homme. Tu penses que j'en ai terminé ? NON !

        Pour terminer notre voyage je t'inviterai à t'observer toi-même. Tiens-toi devant un miroir et regarde ton œil, une lentille si complexe. Pense à ton cerveau, tes neurones, tes nerfs, ton cœur qui pompe sans relâche depuis le jour de ta naissance du sang dans ton corps. Pense à tes poumons qui filtrent l'air que tu respires. Pense au long et complexe réseau de veines qui parcoure ton corps. Pense aux globules, gardiens infatigables de ton organisme. La liste est si longue. Il y' a de vaillants serviteurs que je n'ai pas cité, et de plus je le sais, tes activités t'appellent ; tu as un appel à passer, un train à prendre, un diplôme à conquérir, un client à convaincre, une promotion à gagner... je le sais, tu es très occupé et n'a pas de temps à perdre pour de telles... trivialités. Alors j'abrège.

Mais avant de te laisser partir, je te demanderai encore si de tout notre voyage, notre exploration, tu as vu une seule, oui une moindre créature qui existe dans n'importe qu'elle sphère, qui ne sert à rien du tout ? Dont la vie n'apporte rien à la planète ? De la commode de ta chambre en passant par la course du soleil jusqu'aux globules, tout te sert. De l'extérieur à l'intérieur de toi-même, tu es servi.

N'as-tu pas honte de toi-même face à ce spectacle quand tu résumes ta vie à AVOIR quand tout autour de toi t'offre ? Comment te sens-tu quand tu voues toute ton énergie et ta peine à AVOIR un diplôme ; AVOIR un travail ; AVOIR un mari ou une femme ; AVOIR de l'argent ; AVOIR le respect des autres ; AVOIR leur admiration et leur amour ; AVOIR leur pardon ; AVOIR les services du gouvernement ; AVOIR les bénédictions de Dieu, AVOIR, AVOIR, AVOIR.... Ne réalises-tu pas que tu es hors sujet du but de la vie ? Quand-est-ce que tu penseras à DONNER ? Pourtant, tel est le sens de la vie. Je ne t'ai pas convaincu, mais je crois que la nature elle l'a fait. Si tu as encore des doutes, observe de plus près.

L'homme superficiel ne se trouve pas forcément dans la rue, il se trouve partout : il peut être professeur, CEO, Président, Pasteur ou Prêtre, vêtu de costume somptueux ou de guenille. Aussi longtemps que sa plus grande conception de la vie est AVOIR, il est un homme profondément superficiel et s'éloigne lentement mais surement du vrai cap de la vie. S'il comprenait cependant que loin de le rendre servile et le jouet des autres, le sens que la vie lui indique qui est de servir est celui-là qui l'élèvera vraiment car il y a pas plus haut idéal qui affûte les facultés de l'homme à leur pinacle. Loin de le faire échouer, tout au contraire, il le fera réussir et lui procurera comme conséquence l'admiration qu'il cherche en se parant de colifichets. En suivant ce sens, comme le bananier de la fable, sa vie serait une source à laquelle on viendrait s'alimenter, elle serait alors la bénédiction de la race, comme la mamelle dont le nourrisson s'empare pour ses semblables ; une inspiration pour les autres et un collyre pour leur esprit brouillé. Et c'est pour tous ces services, cette vibrante et réparatrice énergie qu'il dégagera sur eux qu'il sera élevé et non pour ses possessions.

Il ne lui sera pas demandé lorsque son esquif accostera au terme de son voyage combien de diplômes aurait-il eu ? S'il était marié ou pas ; quelle était l'épaisseur de sa bourse ? Une seule question lui sera posée :

COMMENT AS-TU SERVI ?

REPONDRE À L'APPEL

Ne demandez pas ce que votre pays peut faire pour vous mais demandez-vous ce que vous pouvez faire pour votre pays.

John Fitzgerald Kennedy

Nous l'avons vu, le sens que la vie nous indique est celui du service. Nous avons réalisé combien tout dans la nature est au service de la planète. Il n'existe rien, jusqu'au niveau atomique qui ne joue aucun rôle. La logique de la nature est une logique de service. Les plantes et les animaux semblent le faire d'instinct ; une plante ne fait que pousser. Même quand un prédateur tue sa proie, il répond à son instinct et hélas, cela est essentiel à l'équilibre de son écosystème. Les autres espèces, quelles qu'elles soient, répondent naturellement de façon positive à l'appel de la vie. Seul l'homme, l'espèce dite la plus évoluée raidit le coup ; il cherche à se montrer parfois plus intelligent que la nature et répond de trois façons différentes à cet appel. Les trois réponses caractérisent trois types d'hommes.

La première réponse que l'homme donne à cet appel est l'ignorance la plus totale. Voilà le type d'homme rencontré en grand nombre. C'est l'ignorant par excellence (du moins, concernant cette vérité). Il y a pas plus aveugle que lui. Il est frappé d'une cécité intellectuelle aigue. Son plus grand mal est qu'il l'ignore complètement. Les ténèbres envahissent son âme ; La lumière de la sagesse n'atteint pas les recoins de son cœur ; des écailles lui ferment les yeux ; il ne peut saisir des vérités autres que la terre et ses possessions. C'est un homme terrestre et superficiel. Voici sa pensée basique :

« Mon but sur la terre est de réussir. J'aimerais avoir une éducation ensuite, obtenir un emploi ou m'installer à mon propre compte. Je donnerai tous mes efforts dans ce sens-là. Viendra le temps de fonder une famille. Je me marierai ensuite ; j'aimerais que ma femme soit respectueuse et m'aime ; j'aurai des enfants et je leur donnerai la meilleur éducation qui soit. J'ai des défauts comme tout le monde, je ne suis pas parfait et je ne peux pas changer. Je suis né ainsi donc je ne peux pas faire autrement. Mon principal ennemi est Mr X ; je le hais et si je peux l'écraser, je le ferai. Celui qui me cherche me trouve. Je serai super heureux de réussir grandement ma vie et être admiré par les autres et pour ça, je suis prêt à tous les moyens. Je veux jouir de tous les plaisirs que le monde pourrait m'offrir puis attendre la mort. N'est-ce pas là le but de la vie ? »

Le monde souffre à cause de ce type d'hommes. Ils sont loin, si loin du vrai sens de la vie. Ils s'accrochent aux accessoires ; ils vouent leur intelligence, leurs plans, leur âme au superflu ; ils pensent avoir compris la vie, mais ils n'ont même pas compris son résumé ; ils croient l'avoir saisi à bras le corps ; ce qu'ils ignorent est que c'est son ombre dont ils font la chasse. L'angoissant dans l'histoire, est qu'ils ignorent leur propre ignorance mais croient connaître celle des autres. Ils sont si fiers d'eux quand ils réussissent selon leur définition de la réussite; ils en font voir à tout le monde. Mais prennent un coup de vieillesse quand les autres semblent leurs passer devant. Leur logique consciente ou inconsciente c'est « d'abord moi ». Ils leurs arrive souvent de donner, mais ils aiment en faire un « publipostage » d'une façon ou d'une autre.

On a vu ces hommes au pied de la croix beugler : *«si tu es le fils de l'homme descend de cette croix »* ; on les a vu dire à Graham Bell que son invention du téléphone ne serait pas commercialisée ; On les a vu dire à Rosa Park : « *laissez cette place à un homme blanc parce que vous êtes noir* ». Ils sont ennemis de la religion, de la science et des relations humaines mais ils ne le savent pas. Abstenons nous d'imaginer qu'ils se trouvent dans la classe des personnes non instruites ; totalement faux ! Ils se trouvent dans toutes les classes. Ils sont instruits, religieux, affables, intelligents, ils connaissent des choses sur la vie, mais ignorent complètement qu'elle est son sens. Alors, quand on leur résume la vie comme un appel au service de leurs semblables, quand on leur dit que ce pourquoi ils existent est pour satisfaire ce but, condition sine qua none de toute grandeur, quand on leur dit « *donne tes biens aux pauvres et suis-moi* », ils se retournent le visage crispé et la mine flapie puis, s'en vont car cette conception est très loin de leur compréhension abyssale de la vie : « *chacun se bat pour obtenir le plus d'accessoires de la vie ; plus il en a, plus a réussi* ».

Voilà la réponse du premier type d'homme à l'appel de la vie. En fait, il ignore même que la vie lui fait cet appel parce qu'il ne s'est jamais donné la peine de la comprendre. Hélas, il représente le plus grand pourcentage de la société.

La seconde façon de répondre à l'appel de la vie est celle du deuxième type d'homme. Celui-là a saisi que la vie lui fait un appel au service. Malheureusement pour lui, s'il a eu le mérite d'avoir au moins écouté l'exhortation de la vie comparativement au premier type d'homme, il est tout aussi fautif parce qu'il ne représente que son pôle opposé ; il est à l'autre extrême. Il a mal compris son sujet. Voici comment il pense en général à son tour :

« *Ah, oui je le comprends, le service est l'ultime condition de la grandeur ; je réalise que la vie m'appelle au service des autres et ainsi je serai grand et aimé d'eux. Les gens verront de moi que je suis un homme bon. Dans ce cas, je m'abstiendrai de leur dire ce que je pense de peur de les blesser et risquer de ne pas me faire aimer. Je dois être à leur service, donc leur faire plaisir. Si quelqu'un me demande un prêt d'argent et est dans le besoin, je ne refuserai jamais même si je n'aurai plus de sous après et qu'à l'intérieur de moi, je souffre de ce don ou j'en suis tout simplement mal à l'aise. Mais en le faisant, j'espère au moins qu'il y aura des témoins pour voir mon acte de bonté afin qu'ils réalisent combien je suis un homme bon ; ah Dieu, tu vois j'espère !! Tout au fond de mon cœur j'ai besoin d'argent, je l'aime même, mais je dois combattre cette tendance, car elle est la racine de tous les maux. J'assècherai ce torrent impétueux qui me pousse souvent à concentrer ma réflexion sur les moyens de gagner beaucoup d'argent. C'est pour les personnes égoïstes qui ne pensent qu'à elles-mêmes. Ah, je veux bien cette belle BMW de mon voisin, mais qu'est-ce qu'il est frimeur dans sa voiture de luxe, son palais, son costume... pfff ! J'en ai que foutre moi (menteur !!). Moi je ne pense qu'aux autres ; je me voue à eux ; je les aime tous. Il y'en a que je ne supporte tout simplement pas, ils m'énervent mais voilà, ai-je le choix ? Je dois les aimer et en plus, ma réputation d'homme bon est en jeu. Je continuerai, oui je continuerai à me donner aux autres et attendre patiemment que la vie me récompense en faisant de moi un grand homme. Hum ! C'est dur, c'est dur... vie dépêches-toi de m'élever, je risque faire volte-face ».*

Si tel était l'appel que la vie nous faisait, si telle était la conception du service, alors il aurait mieux fallu réagir comme le premier type d'homme, vivre pour soi.

Ce type d'homme n'est que l'autre extrême du premier. Il n'a jamais compris ce que c'est qu'être au service des hommes. La vie ne nous a jamais recommandé d'offrir ce type de services et en fait, un grand pourcentage de la société a cette vision du service. D'ailleurs, c'est la raison pour laquelle notre première catégorie d'homme dédaigne l'idée de se donner ainsi aux autres parce que lui aussi a une basse conception du service. Il se voit être un homme obséquieux ; lèche-bottes ; paillasson des autres juste pour leur faire plaisir ; un vrai pusillanime qui ne dit pas ce qu'il pense mais ajuste ses propos pour ce faire aimer et qui ne vit que pour ce faire aimer. Un homme qui crève pour l'argent mais, se refuse à vouer une partie de son énergie à le gagner arguant qu'une telle quête salie son caractère de « Monsieur bon ». Vivre ainsi, c'est tout simplement s'avilir et non répondre à l'appel de la vie.

Le deuxième type d'homme se rencontre en grand nombre dans les églises ou d'autres rassemblements d'hommes où on prêche la vertu du service. Ils sont en apparence de bons chrétiens respectables, observant les préceptes à la lettre ; disponibles pour venir en aide ; participer aux œuvres de charité... et dans toutes ses entreprises du genre, il tient un scrupuleux cahier de compte dans son cœur ; il a une récompense inavouée qu'il convoite silencieusement : la grandeur ! Et c'est à ce niveau qu'il échoue dramatiquement. En fait, voici son erreur : l'appel de la vie à tous les hommes s'exprime ainsi : « ***Tu es créé pour être au service de la race*** *(ton but principal !) et c'est en cela que tu seras grand* ». Lui a compris : « *tu es créé pour être grand (ton but principal !) et c'est en cela que tu dois servir* ».

Il a donc commis une grave erreur en confondant de but. À l'extérieur, il donne l'impression d'être au service des autres mais à l'intérieur, il recherche juste la grandeur. Il n'aime pas vraiment autant se donner aux autres, mais comme il se dit que c'est la seule condition à remplir pour être grand, et que tel est son vrai but inavoué, il y va bon gré mal gré. Sauf que la vie est plus maligne que lui : elle ne lui donnera jamais une authentique grandeur. S'il est bon comédien et qu'il sait persévérer dans cette comédie, il pourra duper quelques personnes pour un temps et gagnera quelques acclamations ici et là, du pouvoir, et même l'amour des gens. Mais hélas pour lui, il n'est qu'une créature ; il ne peut pas avoir raison de la vie ; elle fera ses comptes et son vrai visage apparaîtra. Pour les moins persévérants, quand ils ne reçoivent rien en retour de ce qu'ils donnent aux autres, ils finissent brisés, déçus et aigris, haineux, vindicatifs et concluent qu'ils ne rendront plus jamais service à personne ; tout le monde deviendra des boucs pour eux. Ce qu'ils ignorent, c'est qu'ils n'ont jamais servi selon l'appel de la vie.

Il existe néanmoins un troisième type d'homme qui a écouté les sollicitations languissantes de la vie ; cet appel au service et l'a parfaitement compris. Mais il n'a en réalité aucun mérite. Il n'est naturellement pas plus instruit ou intelligent que les autres. Ce qui le différentie et qui explique pourquoi il a compris et répondu favorablement à cet appel est qu'il s'est donné la peine un jour de s'arrêter dans sa folle course aux possessions pour s'accorder le temps de penser aux grands thèmes de la vie au-dessus du manger et du boire. Quelque chose l'y a poussé toutefois : un drame, une épreuve, un échec... c'est forcément une forte émotion qui a bouleversé son existence et l'a poussé à l'étude de ces grands thèmes très tôt dans sa vie, au milieu de celle-ci ou à son crépuscule. Voici comment il pense à peu près :

« J'ai compris que tout homme est né pour atteindre le zénith de la grandeur car il est équipé pour cela. Seulement, s'il est né pour demeurer sur la cime des arbres, tel ne devrait pas être le but de son existence mais

juste une conséquence de sa réponse à l'appel de la vie : le service ! Son principal objectif n'est donc pas d'être grand, mais d'être au service de la race. Une fois au service de la race, il en suivra comme conséquence la grandeur aussi longtemps que le service est authentique. La conséquence ne dépend même pas de mon gré ; si j'offre des services authentiques, je n'aurai pas d'autres choix possibles que d'être grand car on ne peut avoir l'un sans l'autre ; ils sont intimement liés : <u>on ne devient pas grand parce qu'on le veut, mais parce qu'on a servi authentiquement</u> !

Je comprends en outre que contrairement à l'idée reçue, le vrai service n'est pas un signe de faiblesse mais de force. Ce n'est pas un acte réservé aux hommes faibles. Pour servir authentiquement la race, cela fait appel à toutes les facultés salvatrices de l'homme. Son âme doit s'élever ; son esprit doit être le gîte des plus nobles pensées ; son cœur doit être grand et pur ; il doit être armé de courage, de persévérance, de magnanimité, de perspicacité, de sagacité, d'amour, de patience... en un mot, il doit avoir du caractère. Pour servir, il faut être fort !

Ainsi, je réalise l'ampleur de la tâche, et je prends conscience de mon néant. Toutefois, si tel est le sens que la vie m'indique, je sais qu'elle a tout mis en moi pour répondre de façon satisfaisante à cet appel et me formera pour cela. J'apprendrai tout ce que je dois apprendre pour être prêt à servir. J'espère, mon caractère ayant été mis à l'épreuve du feu, être utile à la race.

Mon devoir est de défendre la justice donc, de ne jamais craindre de dire ce que je pense mais dans le respect. Si dire la vérité ou ce que je pense au lieu de compromettre ma conscience peut servir à faire avancer les choses et améliorer les conditions de vie, je le ferai même si je me mets tout le monde entier contre moi. Mon seul standard sera l'honnêteté. Si j'ai causé du tort à quelqu'un et que reconnaître se tort pourrait me coûter, je préfèrerai le reconnaître néanmoins car, je sais tout au fond de moi que la douleur ressentie sera moins grande que celle de la malhonnêteté sur mon âme. Si je dois choisir entre mourir riche mais inutile à la race ou mourir pauvre mais utile à la race, alors je choisirai sans hésité mourir pauvre mais utile à la race !

Un tel service demande du caractère !! Et un tel homme, qu'il le veuille ou pas, deviendra grand. De même qu'il est impossible à un papayer de produire des bananes, il est impossible à un homme de suivre un tel idéal et de produire autre chose que la grandeur.

Voilà le vrai sens de la vie. Elle pointe ce sens à tous les hommes car elle leur réserve la vraie grandeur. Mais comme elle sait très bien que les honneurs et le pouvoir peuvent corrompre l'âme, elle a inventé une méthode pour minimiser les risques : *le service authentique*. Avec un service authentique, une chaîne de facultés viriles et candides se greffent à l'âme ; son cœur devient progressivement un jardin où poussent les fruits de l'esprit. Dès lors, son orgueil est inversement proportionnel à sa grandeur ; plus il est grand, moins il est orgueilleux et vaniteux. Ainsi, plus il a des honneurs, plus il est humble et cherche à s'effacer : c'est naturel ; il ne feint pas ! C'est l'homme qui a compris le sens de la vie.

On dit du comte **Von Moltke** que lors du 17ème anniversaire de son entrée dans l'armée le 08 mars 1889, princes et princesses, empereurs et impératrices, rois et reines, se réunirent pour le célébrer. Aucun autre Général n'avait jamais eu autant d'honneurs publics avant lui et le Grand-Duc de Baden lui donna l'Ordre de la Fidélité en diamants. Après son grand succès militaire à Sadowa, il semblait qu'il y'avait plus de limite aux honneurs que pouvait lui accorder le peuple pour le remercier, du roi jusqu'au plus humble paysan. Et qu'elle fut sa réplique face à tant d'honneurs ? : « *Je n'ai fait que mon devoir* » Cette description est faite par **William Makepiece Thayer** dans son livre ***Onward to Fortune***.

Voilà le grand homme à son paroxysme ; il brille par son humilité mais surtout par sa compréhension du sens de la vie. En d'autres termes, c'est comme s'il disait : « *je n'ai fait que suivre le sens de la vie : servir !* »

Voilà la philosophie qu'ignorent dramatiquement le premier et le deuxième type d'homme. Le premier assimile le service à la bassesse et croit qu'il sera grand en ne vivant que pour lui, pour les possessions et les honneurs de la terre ; en flattant son égo. Il a beau tout possédé, il ne sera hélas jamais aussi grand selon l'homme que la vie lui demande d'être.

Le deuxième type d'homme s'est rendu à l'autre extrême. Dans sa quête de grandeur, il s'est cru plus malin que la vie. Il a compris qu'il fallait être au service des autres, mais il a visé la récompense qui est la grandeur, alors dans son zèle, il ne s'est pas d'abord demandé s'il était prêt à servir mais s'est juste lancé à la tâche pour être bien vu. Mais lui aussi ne sera vraiment jamais grand au vrai sens du terme.

C'est à cause de ces deux types d'homme que le monde paraît parfois être un chaos. Les premiers qui veulent tout pour eux et qui ont espéré trouver dans les apparats la grandeur, transforment le monde en un champ de bataille ; un peuple leur est confié, ils en obtiennent la confiance et en font leur souffre-douleur par la suite. Ils défendent leur place par tous les moyens, y mettent un verrou parce qu'ils pensent que du sommet de leur poste ils sont grands. Quelle insanité mentale ! De grands arbres aux fruits inaccessibles. Ils seront balayés de l'existence sans laisser la moindre trace salutaire et si on se rappelle de leur nom plus tard, ça sera avec horreur.

Les deuxièmes gangrènent le monde avec leur aigreur parce que manifestant un amour qui n'est pas totalement authentique, des services étiquetés *« retours à l'envoyeur »*, ils sont déçus lorsque l'ascenseur ne leur est pas renvoyé. La haine prend place dans le cœur avec toute la couvée : rancune, juron, vendetta, amertume, intolérance, jalousie…. Un bouillon de culture hautement explosif, cancer des relations humaines. Personne ne leur a demandé de s'efforcer à aimer et à servir sans le vouloir. Lorsqu'on feint dans ce domaine, on finit par craquer.

Non ! Les rêves de grandeur n'ont rien de mauvais car telle est la destinée de l'homme. Chaque homme doit aspirer à devenir grand un jour ; c'est le titillement intérieur de la vie : *« tu es né pour devenir grand (pas pour être grand mais devenir ; il y a un prérequis) lui susurre-t-elle »*. C'est donc normal que la tendance humaine soit de rechercher la grandeur. Mais là où la plus grande masse échoue, c'est d'oublier le prérequis que la vie impose, c'est-à-dire le service. Ils voient la grandeur comme un but à atteindre alors que ce n'est rien d'autre qu'une conséquence. Eux qui représentent les deux premiers types d'homme ne le font pas parce qu'ils sont mauvais. Malgré la description péjorative, ils ne sont pas de mauvais hommes, ils sont même bons pour certains. Je ne dirai pas comme Rabelais que c'est la société qui les rend mauvais mais plutôt que c'est leur propre ignorance qui annihile le bien qui est en eux. Ils n'ont pas le temps d'apprendre !!

Ah ! Si les hommes suivaient le sens de la vie, ils seraient tous grands. Tous ! Mais très peu le comprennent et brillent par leur exemple. Nous restons là, atones et admiratifs de ces gens, alors qu'ils sont nos semblables. Ils sont toujours en peu nombre comparativement à la masse, mais leur influence est tout aussi durable et indélébile sur l'humanité. Ils sont riches ou pauvres mais telle est la distinction faite par l'homme ignorant parce que tant qu'ils servent authentiquement, ils savent dans les tréfonds de leur cœur qu'ils ne sont riches que de la richesse de leur caractère. Leur vie est une telle mélodie, une douce caresse pour l'esprit. Leur caractère est un effluve sensuel qui voyage d'âge en âge ; ils sont morts, mais le parfum de leur caractère continu d'inspirer les générations suivantes ; ils vivent une sorte d'éternité. Albert Lepine n'a pas résisté à leur charme en écrivant : *« ce que tu fais pour toi disparaît avec toi. Ce que tu fais pour les autres et le monde, demeure éternellement »*

Suis le sens de la vie, et tu seras grand ! Admonition sans cesse répétée à ton âme par le Maître de la pièce que tu joues. L'écouteras-tu ?   La réponse t'appartient !

RIEN D'AUTRE QU'UN INSTRUMENT !

« Je ne suis que le petit crayon dans la main de Dieu. Priez pour que ce petit crayon n'écrive pas trop mal l'œuvre de Dieu... »

Mère Teresa

Il est béni le jour où un homme réalise qu'il n'est rien d'autre qu'un instrument, que sa vie peut être soit une source de bénédiction, soit une source de malédiction pour les autres. Ce jour est béni pour deux raisons : d'abord pour lui-même. S'il prend conscience qu'il est un instrument, alors il comprend par la même occasion que s'il veut réellement vivre, il est appelé à mourir. La mort, c'est ne plus rechercher uniquement son propre intérêt mais chercher un intérêt supérieur, celui de la race et cela n'est possible que lorsqu'on ne se voit que comme un instrument. C'est un jour béni pour une deuxième raison. Si cet homme parvient à mourir donc à vivre, de lui coulera cette vie qu'il communiquera aux autres : en d'autres termes, à son contact, les gens ressentiront comme une énergie indescriptible provenant de lui ; à son contact, ils se sentiront tout simplement vivre. Pour résumer cette pensée, lorsqu'un homme réalise qu'il est un instrument, c'est un jour béni pour lui parce qu'il a trouvé la vraie source de la puissance et béni pour l'humanité parce qu'il utilisera cette puissance à son service.

Toutefois, cela n'est vrai que pour un homme qui décide d'être un instrument du bien car, que l'homme le veuille ou pas il est un instrument et le type d'instrument qu'il est, dépend de son propre choix. À l'inverse de celui qui choisit de servir l'humanité, un autre peut choisir de la desservir. Il laisse derrière lui l'ombre de la mort ; il est bon à éviter. En faisant ce choix, l'homme trouve aussi une source de puissance, mais une puissance destructrice pour lui-même et pour l'humanité. À l'opposé, c'est un jour maudit lorsqu'un homme choisit cette option. Il fut dit d'Adolf Hitler qu'il était un homme puissant et c'était vrai. Mais sa puissance était destructrice. Elle causa plus 70 millions de morts dont lui-même.

D'autres réalisent qu'ils sont des instruments et choisissent soit d'être des instruments du bien soit des instruments du mal. Par contre, certains au milieu ignorent cette vérité ou du moins, ne l'ont que sur le bout des lèvres au lieu de l'avoir comme idéal absolu de vie. Et si cette image nous quitte l'esprit, nous manquons aussi de puissance dans nos vies. Notre puissance est intermittente soit que selon l'humeur du jour, on pose une bonne action aujourd'hui et demain une mauvaise.

Un homme entretenait une relation d'adultère mais ce dernier n'était pas décidé à divorcer de sa femme. La deuxième femme que le statut de maîtresse n'arrangeait manifestement pas, exerça une pression constante sur lui l'incitant à divorcer ou elle mettrait fin à leur aventure. Le monsieur semblait pris dans une toile d'araignée car le temps qu'il passa à entretenir cette relation développa des sentiments forts pour sa maîtresse mais l'idée du divorce ne l'arrangeait pas vraiment. De plus, comment sa petite fille réagirait elle qui était si attachée à leur belle famille. Fait étonnant mais important à noter, sa maîtresse n'avait jamais vu sa femme encore moins sa fille. Elle savait juste qu'il était marié et avait un enfant.

Trois mois passèrent et l'homme dont l'idée n'était que d'avoir une relation d'un soir s'éprit d'amour pour cette femme et finit par demander le divorce, ce qui était impensable des mois de cela. Sa femme n'a pas vu venir le coup. Elle était tout simplement dévastée. Plus tard, il fallut mettre l'adolescente au courant de cette décision. À l'annonce de cette nouvelle, elle fit une dépression et s'enferma dans sa chambre. L'homme avait pendant ce temps élit domicile chez sa future nouvelle femme.

Un jour, son ex-femme remarqua qu'elle n'avait pas vu sa fille de toute la journée et la maison semblait si calme. Elle essaya de l'appeler mais n'obtint aucune réponse. Par la suite, elle monta dans sa chambre et ce qu'elle découvrit la figea : sa fille s'était pendue. C'était le coup de trop. Elle se rendit dans la cuisine, prit un couteau, repartit dans la chambre de sa fille et se trancha l'artère.

Dans la soirée, pendant que monsieur était en voyage d'affaire, sa deuxième femme regardait le journal télévisé et tomba sur ce drame. Les médias parlaient d'un suicide d'une mère et sa fille. Elle en fut bouleversée et se demanda ce qui avait bien pu être à l'origine d'une telle tragédie. En fait, elle cherchait l'instrument source de ce malheur ignorant qu'il s'agissait d'elle-même.

Connaissait-elle personnellement la femme de son amant ? Non ! Avait-elle eu le moindre contact avec elle ou sa fille ? Le moins du monde. Elle n'en eu pas besoin pour les atteindre même sans le vouloir directement. Il lui avait juste suffit de toucher une seule personne pour que les conséquences se répercutent exactement comme les rides provoquées par un petit caillou jeté dans un étang. Connaissez-vous la loi des intérêts composés ? Il suffit de mettre une certaine somme d'argent en banque pour la voir se multipliée au fil des années. La somme que vous retirez après 5 ans n'est plus la même.

Il en est ainsi de nos actions envers les autres. Si vous voulez toucher dix mille personnes, vous n'avez pas forcément besoin de toucher personnellement chacune d'elle. Il vous suffit d'en toucher une seule qui pourrait même n'avoir aucun lien direct avec toutes les autres et la vague se rependra. Jésus-Christ en avait touché douze il y a deux mille ans de cela. Combien de disciples possède-t-il aujourd'hui ? Il connaissait la loi des intérêts composés.

Une fois qu'une action est posée, ses effets deviennent potentiellement incontrôlables et se multiplient dans le sens provoqué sous plusieurs formes et dans plusieurs directions. Vous ne pouvez vraiment savoir où elle s'arrêtera.

Prenons un exemple basique :

Un homme vous salue dans l'ascenseur mais vous êtes de mauvaise humeur alors vous ne répondez pas. Seulement, l'homme qui vous salue est un profond timide, et saluer les inconnus ou même des personnes dont il n'a pas un rapport très proche est une véritable épreuve. De la journée, il a essayé d'en saluer deux. Les deux dont vous, n'ont pas répondu. Emotif de son état, il encaisse le coup et décide de ne plus se prendre à ce jeu et de rester muet les prochaines fois.

C'est un jeune qui fait de la maintenance d'avion de ligne. Ce jour il se rend pour sa première fois à son lieu de travail dans une nouvelle entreprise. Arrivé au garage, il trouve ses collègues mais attend qu'ils fassent le premier pas, il a tout simplement peur de les saluer effrayé de se sentir rejeter une fois de plus (c'est un timide émotif !). Il implore dans son cœur que ses collègues fassent le premier pas mais rien y fait. L'impression qu'ils ont plutôt est qu'il est un jeune diplômé qui se la joue snob, alors on le laisse dans son coin. Le bruit cour entre anciens que le nouveau est un petit snob (pourtant ce n'est pas le cas !). Il est donc isolé et le ressent. Dans la confusion, il oublie de visser un boulon ; l'aile de l'avion est fragilisée mais il l'ignore. Il croit son travail parfaitement achevé. Deux heures plus tard, l'avion décolle. Une heure après le décollage, c'est le crash.

Avez-vous un lien avec ce crash ? Voyons voir...

Pourquoi l'avion se crash ? Parce qu'il manque un boulon sur une aile qui a ainsi été fragilisée.

Pourquoi manque-t-il un boulon sur une aile ? Parce que le jeune mécanicien a oublié d'en mettre.

Pourquoi a-t-il oublié de visser le boulon ? Parce qu'il était déconcentré à cause de l'ambiance du travail. Ses collègues l'isolaient, l'ambiance pour lui était tout simplement pesante.

Pourquoi ses collègues l'ont isolé ? Parce qu'il ne les a pas salué à son premier jour de travail donnant l'impression d'être une petit snob.

Pourquoi ne les a-t-il pas salués ? Parce qu'il a pris la décision de ne plus saluer en premier des inconnus ou des personnes qui ne lui sont pas familières.

Enfin, pourquoi a-t-il pris cette décision ? Parce que combattant sa timidité excessive, il a pris l'initiative de vous saluer dans l'ascenseur en se rendant à son travail, mais vous aviez vos problèmes à gérer pour répondre. Votre silence l'a encore plus enfoncé dans sa timidité.

Voilà ! Nous avons remonté la chaine depuis le crash et vous vous trouvez dans cette chaîne. Le comble est que ce jour, vous avez continué votre chemin naturellement. Votre vie a poursuivi son cours, vous avez peut-être entendu parler de ce crash, mais jamais vous n'avez pensé que vous y étiez de près ou de loin impliqué parce que vous ne pouvez mesurer la portée de vos actions.

Le plus important n'est donc pas que vous puissiez mesurer la portée de vos actions mais que vous compreniez premièrement que vous êtes un instrument (passif ou actif) puis de choisir quel type d'actions proviendra de vous ce qui déterminera si vous êtes un instrument de bénédiction ou de malédiction. Si vous choisissez de poser de bonnes actions fussent-elles petites et apparemment insignifiantes, tant mieux. Ne vous souciez même pas de leur portée vous ne la connaitrez jamais exactement. Mais soyez sûr qu'elles voyageront dans plusieurs directions et que dans leur voyage, plusieurs en bénéficieront. Dans mon exemple, je n'ai pas souligné les familles des victimes du crash, l'impact que la douleur aura sur elles, sur leurs relations, les relations de leurs relations etc… c'est une vague !!

C'est ainsi que la vie incite l'homme à s'inspirer de la nature comme nous l'avons vu au deuxième chapitre et à comprendre que ce n'est qu'en servant qu'il se rendra réellement utile et deviendra grand. Un homme médiocre qui comprend cette vérité et parvient à ce voir comme un instrument accomplira de grande chose. Pourquoi cela est-il possible ? Comment cela s'explique-t-il ? C'est très simple.

Observez un jeune lorsqu'il est célibataire et lorsqu'il se marie après. Avant de se marier, il s'appartient et est libre de faire ce qui lui semble bon ; l'état de sa chambre ne le préoccupe pas vraiment. Mais une fois qu'il se marie, quelque chose changera dans son attitude (à priori !) ; il tendra à être plus responsable. Lorsqu'un enfant arrive, il est totalement différent du célibataire qu'il était. Tout l'argent qu'il gagne ne va plus dans les bières ou en club. Il sait qu'il a une famille à entretenir. Un deuxième enfant vient encore et les responsabilités augmentent. Le budget se resserre, les dépenses deviennent calculées, et certaines privations endurées. L'homme sous le poids des responsabilités s'améliore progressivement, il est plus posé que le célibataire qu'il était, moins fougueux ; il s'oblige à être dynamique et entreprenant pour s'occuper de sa famille. Ce changement d'attitude est dû aux responsabilités que le jeune homme endosse. Pour une fois dans sa vie, il se voit non pas en train de vivre uniquement pour lui, mais pour les autres, sa famille. Il comprend qu'il peut leur donner un relatif confort, les voir heureux fait sa joie et motivé par ces ambitions, les plus nobles facultés se mettent en branle, il en découvre même certaines dont il n'imaginait pas l'existence. Le fait d'agir en tant qu'instrument le développe.

Maintenant, cela est vrai quand il faut gérer une famille. Agrandissez le cercle ; ajoutez plus de monde : gérer une équipe, une compagnie, une province, un état, une nation. De mon souvenir, je n'ai jamais vu le président Barack Obama froncé la mine comme un gavroche. Il semble toujours de bonne humeur. Pourtant je sais pertinemment que ce n'est pas le cas. C'est un être humain comme vous et moi avec ses frustrations du quotidien. Mais il sait qu'il est un instrument pour son peuple et qu'une défaillance de sa part n'est vraiment pas permise car sa nation en subira le coup. Il sait en outre qu'à sa position, il peut facilement influencer négativement ou positivement les autres, notamment les jeunes par l'exemple qu'il montre. Il serait capable d'avoir une chaude dispute avec son épouse quelques minutes avant un discours et viendrait néanmoins sur la plateforme sourire pendant sur son visage. S'il n'avait pas ces responsabilités, il se serait permit d'afficher une mine maussade à sa guise. En d'autres termes, un homme qui est au service est un homme mort, qui ne vit plus pour lui et c'est pour cela qu'il vie puissamment.

C'est dans le creuset du service que se trouve la puissance. L'homme ne s'est réellement pas encore découvert lorsqu'il ne vit que pour lui. L'énergie qu'il dégage pour ses propres projets se décuplerait si elle était soutenue par un idéal de service.

Jeanne-d'arc donnait l'impression d'être une jeune adolescente frêle et sans vigueur. Mais une fois embrasée par la vision qu'elle reçue selon laquelle elle devait libérer la France de l'armée anglaise elle devint cette fille bouillante à qui lorsqu'il lui fut dit qu'aucun homme ne la suivrait dans sa quête elle répondit : *« je ne me retournerai pas pour savoir si on me suit »* et qui avec courage, affronta le bûcher.

C'est d'autres martyres, pauvres pêcheurs illettrés qui n'avaient jadis de compagnons que la mer et les poissons, qui se transformèrent en orateurs itinérants, défiant dans les tribunaux les plus hautes instances dites instruites. Les coups de fouets n'arrivaient pas à les stopper, les menaces de morts n'y faisaient rien, encore moins les jets de pierres. Même face au châtiment fatal, ils ne reculèrent point. Les uns acceptèrent de se faire trancher la tête, d'autres d'êtres plongés dans une marmite géante d'huile bouillante, d'autres d'être exilés tout cela, au nom de la proclamation de l'évangile. Et plus tard pour une autre classe, d'être donné en dîner aux lions. Des hommes ordinaires au courage indomptable. D'autres encore, préfèrent sacrifiés 27 années de leur vie juste pour libérer leur peuple de la gangrène de l'Apartheid et d'être prêt à mourir pour cette cause. Pour certains, envahis d'un rêve d'égalité entre noirs et blancs sont prêts à laisser leur vie dans le combat même s'ils ne voient pas l'accomplissement de se rêve. Leur courage surprend, pourtant c'est un courage normal et compréhensible qui prend sa source dans le cœur enrobé dans un haut idéal. Regardez un fusible par exemple. C'est un instrument qui protège vos appareils en cas de courant de forte intensité. Le fusible ne fait que son travail. S'il arrive qu'un fort courant passe dans le circuit, le fusible protègera vos appareils, mais lui encaissera la charge. Il est dans le circuit pour servir.

Dans le circuit de la vie quel instrument êtes-vous ? Etes-vous un starter ? Un fil de cuivre ? Un résistor ? Une lampe… ?

J'ai sous mes yeux un ventilateur de plafond fait de bois. C'est une magnifique œuvre d'art dans laquelle sont incrustées quatre ampoules pivotantes avec trois chaînes pendantes. Il est magnifiquement peint de noir et je pense n'en avoir jamais vu un du genre. Il attire instantanément l'attention. C'est la pièce la plus alambiquée de la chambre et peut-être la plus coûteuse. Malgré tout, c'est la moins utile. Ce ventilateur ne fonctionne tout simplement pas, il ne joue pas son rôle. Il existe, mais de lui ne se dégage aucune puissance. Lorsqu'il fait chaud, une feuille de cahier pour me ventiler a mille fois plus de valeur que ce ventilateur sophistiqué.

Nous pouvons attirer l'attention par notre air raffiné cachet de notre bonne éducation. Nous pouvons être quelqu'un de courtois, d'avenant et respectueux ; une personne de bonnes manières comme on dit. Notre intelligence peut confondre nos adversaires, fasciner nos admirateurs et être une source d'orgueil pour nous. Notre fortune peut être aussi vaste qu'un désert, immense qu'un océan, mais malgré tout, si tout cela n'est pas soutenu par l'idée selon lequel nous sommes des instruments au service d'un idéal plus grand, alors nous serons exactement comme ce ventilateur, instrument paré d'or, attirant l'attention mais profondément inutile. En réalité, on peut faire jouer un second rôle à ce ventilateur ; il peut être utilisé à défaut comme un instrument d'ornement ; il ne fait pas ce pour lequel il a été conçu mais est juste là, il orne la pièce.

De même pour nous, en ne vivant pas en tant que instruments au service de l'humanité, on orne l'existence ; nous sommes un objet de distraction pour les regards des uns et les bouches des autres. Tout ce que nous possédons de talents ou de biens ne servira qu'à ça. De nos vies ne coule aucune puissance. Mais juste à côté de nous, sera un homme, ne possédant rien de tous nos privilèges, n'attirant par aucun apparat, mais duquel la vie coulera et sera une source de rafraîchissement pour les autres. De lui jaillira la puissance.

Jésus-Christ n'avait aucun apparat, mais qui peut douter de la puissance qui découlait de sa vie ? Il n'avait aucune arme, mais désarmait plutôt. Les soldats qui furent envoyés vers lui une fois pour le saisir changèrent finalement d'ordre de mission. Ils arrivèrent avec leurs chevaux et leurs armures sources d'intimidation, convaincus de leur force invincible. Mais une fois sur les lieux, l'homme en simple tunique et sandale les hypnotisa, ils restèrent atones. Ils vinrent le faire taire, mais ce sont eux qui se turent. Ils rentrèrent sans lui et firent comme rapport que de toute leur vie, ils n'avaient jamais entendu un homme parlé de la sorte. Ils avaient été frappés par la puissance qui se dégageait de l'instrument du salut qu'était Jésus-Christ. Mais les chrétiens qui aiment parfois se trouver des excuses lorsqu'il faut agir de la sorte en disant que Jésus bénéficiait de certains attributs divins n'ont pas raison. Il ne faisait qu'appliquer la loi du service et tous les hommes qui l'ont appliqué après lui et continuent de l'appliquer dégagent de la puissance. Voilà ce que dit un témoin d'un des discours d'Abraham Lincoln lors de la campagne pour la présidentielle au Cooper institue le 27 Février 1860 : « *[...] son visage s'illumina comme éclairé par une flamme intérieure. Tout son être était transfiguré. J'oubliai ses vêtements, son aspect physique, les bizarreries de sa personne. Bientôt, m'oubliant moi-même, je me retrouvai debout comme tout le monde, hurlant tel un indien déchaîné et acclamant **cet homme extraordinaire**.* »

Cet homme extraordinaire ? Non, Abraham Lincoln n'était pas un homme extraordinaire. C'était un homme ordinaire qui faisait des choses extraordinaires parce qu'il agissait comme un instrument au service de la nation américaine. Lors de la marche d'Août 1963 pour les droits civiques aux États-Unis, le Révérend Pasteur Martin Luther King prononça un discours mémorable qui jusqu'aujourd'hui donne des frissons. On aurait dit qu'un ange venu tout droit du ciel s'adressait à la foule. Son discours dégagea une telle puissance que le congrès n'avait pas d'autres options que d'abolir certaines lois perverses qui encourageaient la ségrégation.

Mère Teresa, quoique courbée par le poids de l'âge, n'en fut point stoppée dans son travail acharné en faveur des pauvres de Calcutta. La source de sa force provenait du fait qu'elle ne se voyait qu'en tant qu'un instrument. De sa propre bouche elle dit : « *Je ne suis que le petit crayon dans la main de Dieu. Priez pour que ce petit crayon n'écrive pas trop mal l'œuvre de Dieu...* ».

Pour résumer, chaque homme est un instrument. Que cela lui plaise ou non, il n'échappe pas à la logique. Maintenant il est soit un instrument du mal, soit un instrument du bien. Une source de bénédiction, ou une source de malédiction. Il lui est impossible d'être neutre. Il peut être inconscient de cette vérité, mais jamais neutre. Quoi qu'il fasse, nous l'avons vu, a des répercussions qu'il ne peut toujours pas contrôler. Il ne peut même en mesurer la portée. Il pourrait être la cause initiale d'une catastrophe dont il n'est pas directement impliqué et de toute sa vie, il ne le saura pas forcément. Mais il peut aussi à l'inverse être source de succès et de bonheur sans en être au courant juste pour une simple bonne action *(vous ne pouvez jamais imaginer l'impact d'un simple compliment bien placé dans la journée d'une personne).*

Pour ceux qui reconnaissent cette vérité et choisissent de la suivre en étant des instruments au service de l'humanité, ils découvrent en même temps la source d'une puissance irrésistible. Ils découvrent le vrai et unique réservoir de puissance qui transcende l'homme, le pousse à son meilleur, raffine ses facultés, le magnifie et le transforme en un géant. *« Le sculpteur ne fabrique pas une sculpture, il enlève ce qui la cachait »* disait Paul Claudel. Je dirais dans sa logique que se voir comme un instrument, donc suivre la voie du service, le sens naturel de la vie, ne nous transforme pas en tant que tel en géant, mais enlève juste ce qui cachait le géant en nous.

Inutile de vouloir forcément ressembler à un Lincoln, un Mandela ou un Martin Luther King, car si vous le faites, et parvenez même à reproduire la copie conforme de leur œuvre, vous serez passé à côté car n'ayant pas joué votre rôle. En admettant que la seule chose que vous ayez pu faire de positif dans votre vie soit juste offrir un sourire réconfortant, rien que ça, vous serez de la même classe car il ne vous est pas demandé de faire ce que vous ne pouvez pas. Si une bicyclette porte 50kg, et qu'elle est conçue pour supporter un tel poids, son travail a même valeur que celui d'un camion qui porte 1230 kg et qui est conçu pour tel. Madeleine de Scudéry le résumait bien ainsi : « *Quand on fait ce qu'on peut, on fait ce qu'on doit* ».

Si vous avez été l'instrument que vous avez pu, vous avez été l'instrument que vous aurez dû être et personne ne pourrait vous en demander davantage peu importe l'échelle à laquelle vous avez agi. Contentez-vous juste de faire avec passion ce que vous pouvez faire.

Toutefois, je suis convaincu de ma propre expérience que vous ne saurez pas toujours avec exactitude ce que vous pouvez vraiment accomplir et ce que vous ne pouvez pas. L'homme a cette tendance à sous-estimer ce dont il est capable de faire et de surestimer ce dont il pense être incapable de faire. Faites donc avec passion ce que vous pouvez présentement faire en gardant à l'esprit qu'il y a encore plus de ressource en vous.

« *Se donner du mal pour les petites choses, c'est parvenir aux grandes, avec le temps* » (Samuel Beckett)

« *La vraie générosité envers l'avenir consiste à tout donner au présent* »

(Albert Camus)

« *Au milieu de l'hiver, j'ai découvert en moi un invincible été* » (Albert Camus)

L'UNIVERSITÉ DE LA VIE

« Dans l'adversité, les liens les plus fragiles acquièrent la solidité de l'acier ; un malheur qui s'abat sur une famille, sur une collectivité, opère une cohésion immédiate et totale, ou alors, l'organisme est pourri jusque dans ses racines et condamné irrémédiablement. »

Jacques Castelnau

« Seul l'arbre qui a subi les assauts du vent est vraiment vigoureux, car c'est dans cette lutte que ses racines se fortifient. »

Sénèque

La vie est conçue de telle sorte qu'il est théoriquement impossible à un homme quel qu'il soit d'avoir une vie inutile et insipide. Ce n'est tout simplement pas dans le dessein de la vie. Dans les normes, chaque homme, au crépuscule de sa vie est censé regardé la mort si ce n'est avec un léger sourire ironique comme pour lui dire « tu ne me fais pas peur », avec un certain calme placide.

Personne ne devrait dans ces conditions se poser la question de savoir si sa vie sera un échec ou une réussite sachant que le simple fait qu'il soit né le destine ultimement à réussir. Si vous mettez du sucre dans un verre d'eau, turlupinerez-vous vos méninges à savoir si l'eau sera salée ? Allez-vous hésité une seule seconde quant au résultat final d'un tel mélange ? Pas besoin d'être docteur en chimie pour savoir sans l'ombre d'un doute que votre eau sera sucrée. Maintenant imaginez que vous ayez votre verre d'eau et une poudre blanche juste à côté que vous assimilez à du sucre. Dans votre empressement, vous oubliez que c'est le sel que vous venez récemment d'acheter et que vous avez mis à la place du sucre. À l'instant où vous avalez votre eau et que vos papilles se surprennent de sa salinité que faites-vous ? Qu'elle est votre réaction ? Dites-vous un truc du genre : *« oh mon Dieu ! Comme la vie est injuste. Pourquoi cette eau est salée alors que j'y ai soigneusement mit du sucre ? Ce n'est pas juste ; je n'ai tout simplement pas de chance. La vie ne me veut pas du bien »* ? Dites-vous pareille chose ? Je le sais, vous ne le dites pas car vous savez que le résultat n'a rien à voir avec la vie, mais avec vous. Dans des airs de Sherlock Holmes, je vous imagine repoussant votre tête en arrière, surpris du goût, puis levant votre verre à la hauteur de vos yeux et l'observant attentivement. Cela ne vous demandera aucun effort conséquent pour réaliser que vous-vous êtes tout simplement trompé de substance et que si l'eau est salée, ce n'est pas par miracle ou par injustice, mais à cause de l'ingrédient mis à l'intérieur.

Le goût de nos vies dépend en général des ingrédients que nous mettons dans les verres de notre existence ; de la chimie du mélange. Parfois, par mégarde, nous s'y introduisons un parfum de menthe tout en recherchant un goût de vanille et nous sommes surpris du gout après. Chimistes inconséquents, nous y introduisons une saveur de haine tout en claironnant à tout le monde entier combien nous aimons l'amour. Nous écarquillons nos yeux étonnés du résultat comme tançant la vie de s'être trompée. Ah ! Nous ne répondons juste qu'à la provocation ? À une pincée de sel mise dans notre verre par un étranger, nous s'y ajoutons délibérément encore plus de sel tout en espérant avoir une eau sucrée... À-t-il salée votre eau avec le poison de la haine ? Pourquoi ne pas tout simplement y mettre encore plus de sucre de l'amour? (*facile à dire.. j'entends d'ici le chuchotis de quelqu'un*)

Du mieux qu'elle peut, la vie s'arrange à ce que nous soyons de bon chimistes et que nous introduisions dans nos verres uniquement des ingrédients qui embelliront notre existence. C'est en cela que personne ne pourra se justifier en disant qu'il a été en pénurie d'ingrédients. Les magasins de la vie ne sont pas comparables à ceux de l'épicier du coin. Ses ingrédients sont éternels, disponibles pour chaque génération. Non seulement elle nous pourvoit d'ingrédients, mais cherche surtout à nous former à savoir les mélanger. Mais cela n'est possible que si on s'efforce à s'inscrire à son université.

Voilà l'université qui décerne les meilleurs diplômes qui soient. Un homme qui s'y applique est érigé à son meilleur et réussi sa vie immanquablement. Elle a fait tant de héros : Abraham Lincoln connu pour son honnêteté légendaire ; Martin Luther King la voix du ciel ; Mère Theresa, une passionnée du Christ et des bidonvilles de Calcutta. Tous ont fait leur classe à l'université de la vie et beaucoup d'autres héros de l'ombre. De tels résultats ne peuvent être le fruit des universités classiques où l'intellect est érigé en dieu et les facultés de l'âme négligées. Or ce sont elles qui donnent un sens à l'intellect, le vivifient, lui donnent la puissance. Avec l'intellect aussi brillant peut-il être, on soulève une pierre ; avec les facultés de l'âme on soulève une colline ; les deux mélangés, on soulève une montagne !!

Comment rentre-t-on dans cette université ? La est toute la question.

L'université de la vie devait être la plus chère en prix, mais ce qu'elle offre est tellement hors de prix qu'elle a préféré être gratuite. Elle ouvre ses portes à toutes personnes. Il ne s'y trouve aucune discrimination d'âge, de sexe, de religion etc... il y'a en elle aucune ombre d'injustice ; elle est droite, parfaite et incorruptible.

Dans les universités classiques il est possible d'avoir un diplôme en passant par des subterfuges ; on peut ne pas mériter un diplôme et l'avoir. Mais dans l'université de la vie, on a ce qu'on mérite après avoir enduré sa formation.

Dans le système éducatif classique, il y a un âge où les enfants entrent à l'école. Dans l'école de la vie, il n'y a pas d'âge précis. Tout dépend de l'attention de l'élève parce qu'en règle général, la vie nous éduque tout au long de notre vie et c'est à nous d'être attentif à ses enseignements de telle sorte que si quelqu'un se plaint de n'avoir pas eu de parents, d'amis, ou personne pour le conseiller, on lui dira qu'il a au moins eu la vie pour l'éduquer.

Les leçons qu'on reçoit à l'école de la vie sont des cours pratiques. Ces cours sont en général douloureux, mais c'est le meilleur moyen d'apprendre ; c'est sa pédagogie. Par manque de sagesse, nous les voyons souvent comme des malheurs.

Un chrétien priait Dieu un matin avec ferveur. Dans sa prière, il demandait à Dieu de lui accorder la force de pardonner et de tout son cœur était convaincu que Dieu répondrait à sa prière. Ce même matin, il eut un aveu qui lui glaça le dos. Sa femme venait de lui annoncer qu'elle l'avait trompé. L'homme explosa de colère se demandant qu'est-ce qu'il avait fait pour le mériter lui un si bon mari. Il devint si rouge qu'on eut l'impression que ses veines exploseraient. Sa femme lui demanda de toutes ses forces, avec moult supplications de la pardonner. Mais l'homme était catégorique. Deux semaines plus tard, il demandait le divorce. Cet homme ne s'est pas posé la question de savoir si à cet instant précis, Dieu répondait à sa prière en lui offrant l'occasion d'exercer son pardon.

Ainsi nous éduque la vie. Si un homme est timide mais caresse des rêves d'orateur, qu'il ne soit pas surpris que la vie le mette le plus souvent dans des situations d'embarras où il faudra qu'il parle en public. Il pourra alors voir cette occasion soit comme un encombrement, ou en dépit du grand embarras, une opportunité de se former. Et c'est à ce niveau que nous manquons de discernement. La vie nous aiguillonne, son éperon ne nous lâche jamais : *« mauvais mélange ! Observe attentivement, cherche à comprendre la bonne formule et applique là la prochaine fois »* nous crie-t-elle jour et nuit. Ecoutons-nous ? Hélas pas toujours. Nous marmonnons parfois : *« galère, pourquoi cette vie est-elle aussi dure avec moi ? »*.

Cependant, ce n'est pas toujours la faute de notre chimie, tout au contraire, nous avons bien appris nos leçons et nous sommes devenu plus grand que celui que nous étions hier. Alors, la vie qui veut nous pousser au maximum vers une constante amélioration, ouvre un nouveau chapitre de notre apprentissage. Nous n'avons rien provoqué, nous étions correcte et bang !!! Un drame nous frappe : c'est la caravane de la mort qui happe soudainement un proche ; C'est deux amoureux qui n'ont pu profiter de leur lune de miel que déjà il fallait se séparer à jamais ; c'est des parents qu'elle fait passer à la meule lorsque leur magnifique bambin contracte une tumeur au cerveau ; c'est des enfants qui subissent le regard ébaubi les disputes interminables de leur parents ; ou encore d'autres qui ne connaîtront jamais l'amour paternel ou maternel pour avoir été très tôt orphelins ; c'est une tour qui s'effondre sur de milliers d'innocents plongeant les familles dans l'effroi ; c'est ce chrétien dévoué, agonisant d'un cancer incurable malgré les prières inlassables de sa jeune femme enceinte...

Ah ! Le chalumeau de la vie est parfois trop brulant pour nos âmes ; c'est parfois une équation qui nous laisse perplexe et donne l'impression qu'en fait, la vie n'a aucun sens ; c'est un jeu de carte, une loterie, qui nous élève et nous rabaisse ; nous fait un cadeau, et nous le retire ; nous brinquebale comme ses peluches. Non... malgré les apparences, la vie ne fait qu'une seule chose : nous pousser vers l'avant !

Avez-vous déjà entendu ces phrases ?

« Je sais que c'est au travers de cette épreuve que je suis devenu meilleur »

« Mon père est mort d'alcoolisme. J'ai vu les ravages qu'elle a causés à ma famille et j'ai décidé non seulement d'arrêter, mais de créer un centre pour alcoolique anonyme »

« J'ai su une fois en prison que le cour de ma vie avait changé.... Le savoir que j'ai acquis en prison, aucun collège n'aurait pu me le donner » (Malcom X. paraphrase de son autobiographie)

« La prison m'a fait beaucoup de bien » disait Nelson Mandela

« Ma femme a failli me quitter ; sa lutte contre le cancer fut une épreuve pour moi. Avant ça, j'étais toujours occupé, le travail passait avant elle. Aujourd'hui j'ai réalisé combien je l'aime et je ne veux la perdre. Le travail n'est plus une priorité et notre couple est devenu plus soudé et plus fort »

Avez-vous déjà entendu ce genre de paroles ? Les exemples fourmillent. Ou encore, ces belles paroles d'auteurs inspirés qui peignent mille fois mieux que moi cette vérité :

« Toutes les batailles de la vie nous enseignent quelque chose ; même celles que nous perdons » **Paolo Coelho**

« Nulle pierre ne peut être polie sans friction. Nul homme ne peut parfaire son expérience sans épreuve » **Confucius**.

« Ceux qui bénissent Dieu dans leurs épreuves seront bénis de Dieu par leurs épreuves » auteur anonyme

« Certaines choses ne peuvent être perçues ou découvertes tant que nous n'avons pas encore été frappés ou affligés pendant un certain temps »
David Whyte

La vie est la plus belle amie qui soit, la plus grande conseillère, une bibliothèque inépuisable. Jamais elle ne mijote contre nous ; jamais elle ne cherche à nous détruire ou à nous ralentir, tout ce qu'elle fait, c'est d'essayer de nous pousser vers l'avant. Elle sait que pour réussir dans son laboratoire, tout n'est qu'une question de mélange. Lorsque nous échouons, c'est d'abord à cause de nous. Nous connaissons parfaitement quels ingrédients mélanger mais, délibérément, nous faisons le contraire. Passionnés de sensations fortes, et de recettes exotiques, nous testons du cyanure comme arôme de brioche. La tête de mort inscrite sur la bouteille de notre conscience ne nous intimide pas et plap !! Notre gorge s'étrangle plus tard ; le tribut est lourd à payer, nous n'avons pas appliqué la leçon et les conséquences payent cache : *« tu reprendras la classe jusqu'à ce que tu comprennes la leçon! »* retentit le vif oukase de la vie *« je suis une maîtresse incorruptible »*. Et lorsque nous n'avons pas d'ingrédient, elle nous en fournit par une épreuve ; de nouvelles leçons pour la classe supérieure.

C'est une université au cursus inépuisable ; tout ce dont un homme a besoin s'y trouve. Les élèves y sont destinés à être d'éternels étudiants. En apprenant leurs leçons, bon gré mal gré, qu'elles aient la saveur d'un piment *Naga Viper* ou l'onctuosité d'un *capuccino,* ils progresseront sans cesse. Leur âme s'ennoblira, les scories de leur caractère seront extirpées. Mais qu'ils apprennent ou pas leur leçons, la vie elle, ne manquera jamais de leurs en fournir car elle a un but inlassable : ***les former pour le service et faire d'eux de grands hommes !***

LA JUSTICE DE LA VIE

Il n'y a rien à négliger dans notre vie. Dans le monde moral, comme dans le monde physique, rien ne se perd. Tous nos actes ont, paraît-il, des conséquences profondes. Et pourquoi pas ? Est-ce qu'on ne reste pas confondu quand on réfléchit à la puissance des infiniment petits dans la nature ?

Laure Conan

Lorsqu'un homme a compris qu'il n'est rien d'autre qu'un instrument, le choix lui revient de décider de quel type d'instrument il veut être. Soit sa vie est un dépôt de bénédiction pour les autres, soit elle est une source de lamentation.

Tout homme normal choisirait la première option. Chacun serait séduit à l'idée que sa vie ait apporté un plus à l'humanité. Le simple fait que nos actes de bonté envers la vielle tante Clémentine ne sont pas relayés en boucle dans le journal télévisé nous donne grise mine. Regardez notre sourire supérieur lorsque nous sommes reconnus en public comme le philanthrope par excellence. Par contraste, observez la froissure de notre visage lorsqu'on nous taxe d'égocentrique, de quelqu'un qui ne pense qu'à lui. Un tel rapport de nous n'est pas élégant et nous peint de façon péjorative. Or en bonne société, nous aimons bien porter les galons de monsieur ou madame bon cœur.

L'homme a parfois des tendances ambivalentes. D'un côté, il cherche à faire plaisir à ses semblables, de l'autre, il cherche d'abord à se satisfaire. Il oscille fréquemment entre les deux pôles en fonction de la circonstance. Un jour il est Saint-Augustin, prêt à se donner en sacrifice pour son voisin Antoine. Un autre jour, il est Ponce Pilate qui crucifie sa collègue Michelle en commérant sur elle. Il a deux êtres qui vivent en lui et chacun s'enhardit pour prendre le contrôle de la citadelle. Mais dans certain cas, (la majorité) les deux cohabitent plus ou moins pacifiquement comme deux armées en plein cessez-le-feu. Ils semblent s'être entendu sur qui prendra le contrôle de la forteresse selon le cas. Ils ne se livrent aucun combat ; c'est plutôt un traité de paix.

Ce scénario est vrai pour l'homme qui est le jouet de ses pulsions. Elles prennent contrôle de lui en fonction de l'excitation extérieure. Il n'est pas un homme libre, mais un esclave qui se livre volontairement à elles. Seulement, ce qu'il devrait savoir, c'est qu'en fonction des penchants qui l'animent, il est soit un instrument du bien, soit un instrument du mal. Lui qui serait fier qu'on chante sous tous les cieux combien il est un apôtre de la bonté devrait savoir qu'en se livrant ainsi à ses penchants, il suit la mauvaise des voies car en fonction de la situation il sera tantôt un objet de désolation tantôt un objet de joie.

Pourquoi ne pas une fois pour toute décider d'être plutôt une source de bénédiction pour les autres ? Pourquoi se complaire à osciller ? Pourquoi servir deux maîtres à la fois ? Vous connaissez le résultat d'une allégeance à deux maîtres. En général, c'est toujours le mauvais maître qui prend le contrôle même si l'élève que nous sommes veuille intérieurement être dominé par le bon maître.

En réalité, l'homme ne sert pas deux maîtres à la fois parce qu'il lui plaît d'offrir un tel service ambivalent. Il veut bien être une source de bénédiction pour toute la terre si possible nous l'avons dit, mais en même temps se refuse d'une façon ou d'une autre à fournir l'effort nécessaire pour cet objectif. Le plus souvent, ce sont des gens qui savent ce qu'il faut faire et qui critiquent beaucoup. Mais lorsqu'on regarde leur propre vie, on s'étonne du fait qu'ils ne font pas ce qu'ils condamnent haut et fort chez les autres.

Un homme prêchait véhément dans une église et incitait les maris à aimer leur femme. Son discours était éloquent et édifiant. Il dressait les avantages incalculables dont le mari aurait l'usufruit en restant fidèle à sa femme. Toutes les femmes rougirent ce jour et la communauté fut reconnaissante pour son enseignement. Les femmes qui furent si envieuses de son épouse ignoraient totalement qu'il aurait mieux fallu ne pas être à sa place car en effet, cet homme entretenait plusieurs relations extraconjugales et en coulisse il s'en vantait.

Si un homme veut sincèrement être un instrument de bénédiction pour les autres et pour lui-même, il doit comprendre que ce n'est pas vraiment par ce qu'il sait ou dit qu'il le sera mais par ce qu'il fait car les actions prêchent plus haut que les paroles et les intentions. Or, les actes dépendent d'un élément intérieur à l'homme : son caractère !

Celui qui aura pris le temps de comprendre l'appel de la vie, qui l'aura vu sous une grande image de son début à sa fin, saisira que le plus grand enjeu d'une vie c'est en quoi elle serait une source d'avancement pour les autres. Nous l'avons répété plusieurs fois. Si vous ne vous mariez pas, n'avez aucun diplôme, aucun enfant, aucun travail, pas d'argent, mais avez néanmoins changé d'une façon ou d'une autre la vie des gens, selon le plus haut idéal de la vie, vous avez parfaitement réussi votre passage sur terre. C'est là la mission suprême de l'homme sur la terre, le but de son voyage.

L'homme peut sans ambigüité avoir une idée de ce qu'il laissera après lui comme histoire et influence par cette formule : *ce qu'un homme laissera après lui sera proportionnel à la grandeur de son caractère.*

S'il veut être un instrument efficace et vraiment réussir sa vie, qu'il ne se soucie que d'une seule chose, l'édification de son caractère. Voilà la plus grande, et la plus bénéfique des entreprises d'un homme. C'est le chantier de toute une vie. C'est son caractère qui donne un cachet à ses actions et ses actions colorent sa vie. Il ne devrait pas porter ses yeux vers l'extérieur mais constamment vers l'intérieur. Qu'il s'applique à posséder d'abord un capital spirituel, puis ensuite un capital matériel. Notre vie n'est que la résultante fidèle de notre caractère. Et il nous est impossible de tromper la vie. Elle nous tance inlassablement : *ce qu'un homme aura semé, il le récoltera.*

Cette sentence est une promesse glorieuse pour l'homme qui veut faire de sa vie une vie utile. Elle lui fait comprendre qu'il sera payé à juste titre tôt ou tard et ce qu'il sèmera lui sera même rendu au centuple. C'est stimulant de savoir que notre « salaire » dépendra de nous. Si on veut plus on doit faire plus. De l'autre côté, c'est effrayant parce que si on ne fait pas ce qui est correcte, là aussi on le récoltera et avec intérêt.

Lorsque nous avons compris cela, nous avons des lors notre vie entre les mains et nous pouvons décider de ce qu'elle sera.

LE POUVOIR DES HABITUDES

« Sème un acte, tu récolteras une habitude ; sème une habitude, tu récolteras un caractère ; sème un caractère, tu récolteras une destinée. » Dalaï lama

« Jamais je ne parviendrai à bien parler anglais !! » Telle fut la pensée qui habitait mon esprit durant tout mon cycle scolaire au secondaire. Lorsqu'il m'était demandé de parler anglais j'avais l'impression que le professeur me demandait de parler du mandarin traditionnel. Je ne comprenais le moindre mot si ce n'est des basiques comme « Hello ! », « thank you ! ». Je n'avais jamais passé un examen d'anglais si ce n'est deux fois de toutes mes années au secondaire pour vous donner une idée de ma faiblesse dans ce domaine.

Un jour, je pris conscience que si je voulais faire des études d'ingénierie, je devrais absolument me frotter à mon pire adversaire et le neutraliser. Au lieu de voir l'anglais comme une langue inaccessible, je devais d'une façon ou d'une autre m'arranger à pourvoir parler, écrire, et lire. C'était alors à l'époque quelque chose qui me semblait infaisable. Néanmoins, je décidai d'essayer, c'était ça ou je laissais l'ingénierie s'échapper. Tout d'abord je m'achetai un livre de poche en anglais qui ne me quitta plus du tout. Que je mange, que je dorme, ou pendant mes moments de loisirs je lisais, encore et encore et je commençais à prendre goût ; l'anglais n'était donc pas si difficile. Je me suis inscrit à des cours d'anglais et je me débrouillais pas mal mais j'admets que c'était toujours horrible. Par la suite, je me rendis en Angleterre ou je n'avais plus d'autre option que de parler anglais. Peu importe mon niveau d'anglais, je devais tout simplement parler. Je me rappelle que les débuts furent frustrants. Ce n'est pas encourageant de toujours devoir demander à une personne de répéter. Mais une chose était intéressante, j'avais au moins pris l'habitude de parler anglais et au fil du temps, je pus avoir une conversation fluide avec quelqu'un et complètement entendre ce qu'il me disait, performance qui était inenvisageable il y a plusieurs années. Aujourd'hui, c'est un jeu d'enfant.

       Ce quasi miracle est dû au pouvoir de l'habitude. J'avais intégré dans mon esprit l'idée selon laquelle je ne pouvais pas parler anglais et du coup, j'avais développé une habitude de négligence vis-à-vis de cette matière jusqu'à ce que je me trouve obligé de changer d'habitude et me mettre à l'étudier avec acharnement. Aujourd'hui j'ai du mal à croire qu'il y a quelques années cela représentait un véritable cauchemar pour moi.

       Pour qu'un instrument serve efficacement, il faudrait qu'il n'aille aucun défaut de conception. Dans le cas contraire, il sera inefficace. Pour offrir un service valable à l'humanité, l'homme doit avoir un caractère sans faille (juste pour lever la barre haut !). C'est son caractère qui déterminera s'il jouera bien son rôle. S'il a un caractère défaillant, il pourra entrevoir tous les beaux projets du monde, mais toujours il produira des résultats opposés à ses ambitions. Pour que son caractère corresponde à la tâche, il devra faire de son mieux pour entretenir les bonnes habitudes car les habitudes sont les précieux ouvriers qui bâtissent son caractère. Si dès le départ l'homme se rend compte d'une quelconque défaillance en lui, qu'il ne sombre point dans le découragement mais qu'il se rappelle que le caractère est élastique et se forme jour après par nos habitudes dominantes. À force de parler anglais en Angleterre, je finis par venir à bout de ce qui semblait impossible à un moment. En écoutant régulièrement les mêmes mots, en prononçant plus ou moins les mêmes phrases, en me frottant tous les jours aux personnes qui parlaient anglais je pus reproduire comme par miracle la même performance. Ainsi, vos habitudes dominantes détermineront votre caractère. Si tel est le cas, l'homme trouve donc son salut lorsqu'il choisit avec soin les habitudes qu'il souhaiterait entretenir.

Quelqu'un l'a si bien dit, l'habitude du berceau dure jusqu'au tombeau. C'est donc une folie de reconnaître que nous avons un défaut de caractère, une mauvaise habitude et de la laisser se développer en nous. C'est un poison lent qui du jour au lendemain fera s'effondrer l'édifice de notre vie.

Ainsi donc, voici quelques recommandations à suivre :

1- Ne pactise aucunement avec une mauvaise habitude, elle t'offre aujourd'hui peut-être quelques sensations fortes, semble te faciliter présentement la vie, mais c'est un cadeau empoisonné. C'est une traitresse qui attend son moment pour te poignarder dans le dos, pour te faire son esclave à jamais. Un proverbe tchèque dit que l'habitude est une chemise en fer.

1- Abstiens-toi de faire le premier pas car un deuxième suivra, puis un troisième. Ensuite les files de soie se transformeront en files d'aciers. Si tu sais qu'un acte est nocif pour ton caractère abstiens-toi de le poser.

2- Rappelle-toi que les mauvaises habitudes ont la coloration du miel mais sont en fait du cyanure. Les bonnes habitudes elles ont la coloration du cyanure mais sont en fait du miel.

3- Répète encore et encore la même action et tu auras créé une habitude et bientôt un caractère.

4- Ne te comporte pas à la légère, ton caractère sera léger !

5- Ne justifie aucune de tes mauvaises habitudes, n'argumente pas avec elle. Détruit-les !!

6- Les grands caractères sont le fruit de grandes habitudes.

7- Faudrait mieux endurer la peine du développement d'une bonne habitude que de se lier d'amitié avec une mauvaise habitude parce qu'elle requière moins d'effort.

8- Choisis un haut idéal, ne le perd pas de vue et travaille sans relâche dans ce sens

9- En choisissant une habitude tu choisis une destinée

UNE GUERRE D'USURE

« En persévérant on arrive à tout »
Théocrite

On parle généralement de guerre d'usure lorsque deux armées s'affrontent et subissent des pertes lourdes, la victoire dépendant alors de celle qui abdiquera la première. C'est donc une sorte de bras de fer mental entre les hommes des deux armées. La victoire ne se joue plus tend à la tactique mais à la bravoure et l'opiniâtreté. Certains experts pensent notamment que les armées du IIIème Reich perdirent la guerre sur le front Est à l'usure. Après avoir encaissé de lourdes pertes, elles n'eurent pas d'autres choix que de se rendre. Durant la guerre civile des Etats-Unis, le Général Ulysse Grant comprit que la seule façon de vaincre les confédérés dirigés par le brillant Lee lors du siège de Pittsburgh était l'usure. Leurs ressources étant limitées, les confédérés se rendraient tôt ou tard.

Une guerre d'usure est une guerre sanglante, sans pitié. C'est la victoire ou rien. C'est à ce moment que les soldats doivent faire preuve de la bravoure la plus extrême ; que le plus pusillanime d'entre eux se surprend de se revêtir d'une paroi d'acier dans son âme, opaque à tout soupçon de peur. Vaincre ou mourir devient le credo des uns et des autres. Les camarades tombent à côté, l'âme essuie une larme, mais on avance ! Pas le temps pour les jérémiades. Epuisés, parfois blessés, au bout d'eux même, et parfois à court total de ressources, les soldats sont prêt à se donner jusqu'à la mort. Entre se livrer comme un couard et se battre en brave homme qu'It à mourir, les soldats doivent faire un choix. C'est ainsi que les soldats texans résistèrent face aux soldats mexicains lors de la mythique bataille du siège de Fort Alamo. Dans une bataille ou le rapport de force leur était totalement désavantageux, ils choisirent se battre jusqu'à la mort plutôt que de se rendre : « *Je suis déterminé à résister aussi longtemps que possible et à mourir comme un soldat qui n'oublia jamais ce qui est dû à son propre honneur et à son pays* »

N'est-ce pas là parfois l'image de notre vie de tous les jours ? Ne sommes-nous pas engagés dans une sorte guerre où la victoire se jouerait à l'usure ? N'avons-nous pas en face de nous une armée coriace qui ne lâche jamais prise, rusée, qui nous surprend par une attaque éclair quand nous pensons lui avoir infligé une lourde défaite et que nous profitons pour relâcher nos troupes ? Le fil d'acier avec lequel nous avons progressivement ligoté notre âme et qui n'était qu'à nos yeux un fil de soie au départ, semble être aujourd'hui un frein constant à notre avancement. C'est cette petite habitude que notre conscience a belle et bien qualifiée de nocive à notre progression sur le sentier de la vie, mais que notre chair a étiquetée de fidèle amie qui aujourd'hui nous assiège, nous étouffe. Ou encore, cette mauvaise habitude cadeau empoisonné de la génétique, sérieuse entaille dans notre caractère.

Nous l'avons précédemment dit, la destinée d'un homme est la fidèle résultante de son caractère. Aux petits caractères, petite destinée. Aux grands caractères, grande destinée. Mais qu'est-ce qu'un petit caractère si ce n'est un amas de mauvaises habitudes ? Qu'est-ce qu'un grand caractère si ce n'est un amas de bonnes habitudes ? Voilà donc les deux armées qui se font face. Mais aussi paradoxal que cela puisse paraître, nous sommes les généraux des deux armées. C'est nous qui décidons qui prendra le dessus. C'est nous qui entraînons et équipons les soldats des deux armées, les rendant plus forts que les soldats adverses par la répétition de certaines actions. C'est nous qui les ravitaillons lorsqu'elles sont à court de ressources par nos lectures, ce que nous écoutons ou regardons. La victoire finale, donc la coloration de notre destinée est donc entre nos mains. Tout ce qu'il nous faut c'est choisir. Si seulement c'était si simple…

Mon souvenir n'est pas si loin (il est même vif et frais !!) de nombreuses résolutions prisent pour éradiquer une mauvaise habitude et des cuisants échecs que j'ai récolté. Dans l'amertume de mon âme, j'ai déniché la conspiration de la génétique. Mais grâce au collyre de l'honnêteté, j'ai aussi perçu ma propre conspiration contre moi-même. De mon propre chef, j'ai dirigé l'armée des mauvaises habitudes contre le fort de mon âme. J'ai fait le recrutement d'une mauvaise habitude l'une après l'autre pour en former une armée coriace. Les soldats qui avaient l'aire inoffensifs se sont transformés en redoutables guerriers par la force de la répétition ; aujourd'hui, ils ne veulent plus lâcher prise et je m'en trouve cerné. La chemise de soie se transforme évidement tôt ou tard en chemise de fer.

Qu'elles soient le fruit d'une conspiration génétique ou de notre propre folie, chacun d'entre nous fait face à la dure réalité des mauvaises habitudes qui entachent notre caractère. Mais que faut-il faire face à elles ? C'est bien de réaliser que nos aïeux ont eu la brillante idée de nous transmettre ces mauvais gênes ou encore que nous s'en sommes responsables et après ? Faudrait-il passivement s'en justifier par de creuses généralisations symptomatiques d'une volition veule ? : « *Tout le monde a des défauts donc !!* » Pourquoi ne pas dire : « *tout le monde tombe malade donc... pas besoin de se soigner* » ?

Faudrait-ils pactiser avec elles, et les accepter comme les enfants indisciplinés que nous avons-nous même élevés ?

Si en réalité nos habitudes forgent notre caractère et donc notre destinée, si elles font de nous un instrument de bénédiction ou de malédiction pour la race, si les générations futures pourront sentir les effluves de notre caractère quand bien même on ne sera plus de ce monde, n'est-ce pas logique, et urgent de réunir toute la vigueur et la vitalité de notre âme, de faire sonner la trompette et rassembler toutes les facultés salvatrices de notre être pour les préparer au combat de toute une vie , combat contre nos mauvaises habitudes ?

L'idée n'est pas d'être obsédé cependant par nos mauvaises habitudes, non !! Mais tous simplement de ne pas se laisser passivement dominer par elles, ou de les neutraliser complètement. Regardez bien un homme, observez le bien, vous verrez qu'il est le plus souvent le produit de ses habitudes conscientes ou inconscientes. Alors comment se plaire à entretenir une mauvaise habitude ?

Mais voilà il semble être bien plus facile de cultiver une mauvaise habitude qu'une bonne. Lorsqu'elles ont pris place, difficile de les déloger ; la victoire se joue donc à l'usure. Qui de vous ou de cette vilaine habitude abandonnera en premier ? Car peu importe la fougue de l'ennemi adverse, il y a toujours un espoir de le vaincre.

À Chaque assaut, chaque échec infligé par l'ennemie, relevez-vous et reprenez le combat. Ne sombrez pas dans un découragement léthargique, dans un état ou à force d'encaisser les échecs, à forces de constater la stérilité de vos bonnes résolutions, vous sortiez le drapeau de la reddition pour vous livrer points et mains liés à l'adversaire. Ne tenez jamais un langage qui compromet vos chances de victoire, ne dites pas : *« j'ai tout essayé, mais je n'y arrive toujours pas. Je ne tiens jamais mes résolutions ; cette mauvaise habitude est plus forte que moi je suis lasse de me battre ».* Ou encore : *« je sais que je n'y arriverai jamais ; je suis paresseux, », « je suis naturellement infidèle, j'aime les femmes et le sexe je n'y peux rien » ; « je suis un fumeur avéré que puis-je faire d'autre ? » ; « je suis colérique », « je suis bavard » ; « je suis rancunier » ; « je suis menteur » ; « je suis faible »* etc... En réalité, vous n'êtes rien de tout ça. Vous posez juste des actes qui deviennent réguliers par la force de la répétition. Ce que vous êtes en réalité c'est ce que vous décidez d'être. Pouvez-vous faire quelque chose pour moi ? Ne dites plus jamais ce genre de choses si vous voulez remporter la victoire. Comment oseriez-vous ? D'ici au loin, j'entends les ricanements de la troupe ennemie ; le bruit a couru dans tout le camp que la victoire serait assurée et qu'ils n'auraient même pas à se battre parce que le lâche Général que vous êtes a dit à ses troupes : *« eh beh les gars.... Face à notre cinquième défaite, nous nous rendrons demain. Je suis lasse des combats. Nous nous livrerons demain et ils feront de nous ce qu'ils voudront ».* Quel piètre Général serez-vous. S'il est parfois sage de se rendre dans une vraie guerre, il n'est jamais concevable de se rendre à une mauvaise habitude. Elle ne se contentera pas de vous faire prisonnier, mais elles vous tueront à petit feu. Elles feront un trou dans la cuirasse de votre caractère et un jour, si ce n'est tous les jours, vous feront couler.

Dans une guerre d'usure, l'armée la moins approvisionnée à moins de chance de remporter la bataille lorsque la guerre se prolonge. Dans la longue bataille de l'édification du caractère, vous êtes celui qui décide de quelle armée vous approvisionnerez. Court-circuitez les ressources de l'armé ennemie ; ne l'a ravitaillez plus en rien et approvisionnez l'armée régulière. Ne vous rapprochez de rien qui favorise vos mauvais penchants c'est ainsi que vous leurs couperez les vivres. De l'autre côté, ravitaillez en abondance l'armée régulière. Choisissez vos fréquentations, lisez de bon livres, écoutez de bons audio. Priez... Chaque jour, vous décidez laquelle des deux armées vous renforcerez. Ne lâchez pas prise, c'est à l'usure que ça se joue !!

« *Mais pourquoi se donner tant de peine comme si la vie n'était pas assez compliquée en elle-même ?* » mouchardent certains. Oui, c'est vrai, lorsque l'excitation mondaine a pris le dessus et que nous sommes perpétuellement agités et apôtres de la récompense immédiate, nos yeux sont loin de notre royaume intérieur et la progression constante de l'armée ennemie nous est étrangère. Elle progresse jour après jour, et annexe parcelles après parcelles de notre âme. Certains signaux nous interpellent, nous ne nous sentons plus totalement libres, comme-ci quelqu'un d'autre dictait nos faits et gestes. Mais ces signaux ne suffisent pas, le monde spirituelle semble trop obscur pour nous et futile à percevoir pour qu'on essaye de voir ce qui ne va pas. Le monde physique nous comble de matériel et de sensualité. Puis un jour, cette petite habitude qui n'a jamais attiré notre attention, cette progression lente mais sûre de l'armée rebelle dont nous n'avons point entendu l'écho des canons, frappe un grand coup. En dépit de notre grand statut dans la société, nous sommes trainés menottes aux poignets, notre nom revêt les qualificatifs les plus péjoratifs « montre sexuel », « obsédé sexuel », nous perdons ainsi notre aspiration suprême de siéger au sommet de la nation. Parfois, elle nous assomme et nous pousse à mentir sous serment à toute la nation, nous, commandant en chef, à cause d'un appétit sexuel vorace. Parfois, à la plus petite échelle, c'est ce plaisir à commérer qui nous a coûté une amie ; cette constante procrastination qui nous vole un contrat, un succès ; cette paresse entretenue qui désormais nous fait toujours voir le lion sur la route, ou qui nous fait saliver à la vue de ce beau potage mais hélas, la cuillère est trop lourde pour la ramener vers la bouche ; se sommeil exagéré qui fait de la pauvreté notre fidèle concubine... la liste est longue. Alors pourquoi se donner tant de peine ?

Oui, peine, elle existe. Le combat peut être long, la résistance et la ruse de cette vilaine habitude persistante. Mais si une destinée est en jeu, si une couronne nous est promise, si nous pouvons être une source de bénédiction pour ceux que nous aimons et pour nos semblables, si la qualité de notre voyage terrestre en dépend n'y a-t-il pas lieu de se montrer plus persistant que nos traitresses habitudes ? Peu importe la peine, n'est-il pas encourageant d'envisager les retombées sûres et certaines, les récompenses terrestres et célestes qui tôt ou tard seront l'apanage du Général à qui il ne viendrait jamais à l'idée de livrer ses troupes aux troupes rebelles ? Lorsqu'un homme atteint le sommet de la réussite, lorsqu'il semble avoir une complète maîtrise de son être, on croit avoir en face un surhomme, un homme béni des dieux. Ah... !! Si vous pouviez percer les profondeurs de son âme, vous y verrez les traces de certaines batailles passées et certaines présentes contre ses vielles et mauvaises habitudes. Vous y verrez plusieurs sites, symboles de ses multiples défaites, mais vous y verrez aussi plusieurs autres qui furent les points critiques qui firent basculer la bataille à prix de persévérance, de courage et de volonté indomptable. Cet homme est celui que vous admirez aujourd'hui, qui a ligotés ses penchants et est perpétuellement en bataille contre lui-même.

Ne perdez donc pas courage si vous n'avez toujours pas le dessus sur vous-même, persévérez à semer les bonnes graines :

« Ne juge pas chaque jour à la récolte que tu fais mais aux graines que tu sèmes. » **Robert Louis Stevenson**

« Le secret d'un gazon anglais : vous semez et vous laissez pleuvoir pendant sept siècles. » **André Maurois**

« L'homme aujourd'hui sème la cause, Demain Dieu fait mûrir l'effet. »

Victor Hugo »

« Si les hommes étaient assez malheureux pour ne s'occuper que du présent, on ne sèmerait point, on ne bâtirait point, on ne planterait point, on ne pourvoirait à rien : on manquerait de tout au milieu de cette fausse jouissance. »

Voltaire

À l'instant où je termine ces lignes, je sais combien l'armée rebelle fait parfois rage en moi et les combats sont souvent intenses. Je vois aussi l'inanité de mes résolutions face à certaines mauvaises habitudes. C'est parce que je connais mes luttes que je connais les vôtres. Sous une once d'encouragement, à tous ceux engagés sur la route du perfectionnement de soi, je laisse cette dernière pensée pour conclure ce chapitre.

« Le chemin qui mène à la sagesse et aux joies de l'esprit est un parcours dangereux, semé d'embûches. Mais quelle récompense pour celui qui s'acharne et atteint la vérité ! »
De Carolyn Bergeron

COMMENT TROUVER SA VOIE ?

« O homme, tu as en toi le ciel et la terre, fais de ce monde un ciel sur la terre !» **Ste Hildegarde de Bingen**

« Les deux jours les plus importants dans votre vie sont celui où vous êtes né et le jour où vous avez compris pourquoi »

Mark Twain

« Léonce, comment penses-tu qu'on puisse trouver sa voie dans cette vie ? ». Telle fut la question posée par un de mes amis. En d'autres termes, mon ami cherchait à savoir s'il y'avait un moyen sûr de se frayer son propre chemin dans le monde, d'écrire sa propre histoire au lieu d'être une sorte de redite de la vie d'un autre. Il voulait savoir comment trouver ce qu'on qualifie généralement *« d'appel »*, le but suprême pour lequel il est né. Dans la perspective du livre, je reformulerai en disant qu'il voulait tout simplement connaître comment savoir quel instrument est-il dans le « chantier » de la vie ; une truelle ? Un mètre ? Une pelle ? Une pioche ? Un marteau …?

Si sa question était perplexe, elle me réjouit néanmoins. Je compris des lors que mon ami était sur ce que je qualifie de voie royale. Voie royale parce que c'est elle qu'emprunte tous ceux qui influencent le cours de l'histoire. Sur cette voie, vous trouverez les empreintes fraîches de d'Abraham Lincoln, de Napoléon, d'Isaac Newton, de Marconi, de Martin Luther King, Mère Theresa… de tous ceux que le monde a toujours regardé comme étant différents, dotés d'un puissant génie, spécialement envoyés sur terre par une quelconque divinité pour résoudre les problèmes des terriens. Rien n'est plus faux excepté la dernière proposition qui se rapproche de la vérité. Ces illustres personnalités ne l'ont été tout simplement parce qu'elles se sont posées la même question que mon ami. Si elles ne l'on pas posée avec les mêmes termes (et c'est tant mieux !) elles ont senties en elles le vibrant appel à chercher à percevoir quel instrument ils étaient dans la vie, et ont obstinément joué le rôle qui leur incombait. Ayant ainsi joué leur rôle, ils apparaissent logiquement si différent des hommes communs que nous sommes parce que nous avons choisi au lieu de la différence, de nous cloner les uns les autres.

Ne vous est-il jamais venu à l'esprit de savoir pourquoi vous êtes différents des autres ? Pourquoi vous êtes uniques ? Ce n'est pas par besoin d'esthétique que nous sommes différents les uns des autres, par fantaisie du créateur, mais pour un but spécial. Vous êtes unique parce qu'il y a une chose spéciale que seul vous peut apporter à votre façon comme plus au monde. Une pierre spéciale à déposer dans le chantier de la vie. Personne d'autre ne pourra offrir au monde le précieux cadeau que vous avez en vous. Si vous snobez cette vérité, dans l'édifice de la vie, apparaîtra un gros trou, une pierre absente, la vôtre. Vous appartiendrez à la masse, hommes qui suivent apathiquement le courant de la vie, qui assis tout au chaud, regardent ébaubi comment *« les choisis de Dieu »* selon eux, s'élèvent du fait qu'ils ont inlassablement cherché quel était leur rôle et n'ont rien fait d'autre que le jouer. Il est donc impératif que vous trouviez quel rôle jouerez-vous sur terre.

Mais comment donc trouver sa voie, son but suprême, le rôle que nous sommes censés jouer s'il y en a un ? La question reste toute entière.

Etonnamment, c'est la société telle qu'organisée qui est la grande conspiratrice et ne favorise pas l'expression de la différence. La route semble déjà pavée pour nous avant qu'on ne naisse. Nous n'avons plus rien d'autre à faire, à inventer ou à créer. Le schéma est simple : *va à l'école-trouve un travail pour subvenir à tes besoins- marie toi-fais des enfants pour assurer ta descendance-puis en silence attend la mort.* Nos aïeux l'ont fait, nos parents ont pensé pareil, pourquoi bon diable allons-nous jouer le réformateur et venir changer ce schéma soigneusement peaufiné pour notre bien ? Pourquoi se compliquer la tâche ? Pourquoi ne pas tout simplement suivre ce précieux fil d'Ariane ? C'est une chambre bien rangée dans laquelle chaque chose est à sa place. Sortir de ce schéma c'est comme déranger l'ordre de la chambre. C'est paraître bizarre, mentalement dérangé, retardé, rêveur...

Jamais vous ne trouverez la raison de votre existence en suivant passivement ce schéma. En le suivant passivement, la seule question qui retentie dans votre esprit est de savoir ce que vous obtiendrez de la vie, qu'est-ce qui vous sera accordé. Pourtant, la vraie question à se poser est de savoir ce que vous apporterez au monde. **« *Ne demandez pas ce que votre pays peux faire pour vous, mais demandez-vous ce que vous pouvez faire pour votre pays* »** disait John F. Kennedy, pensée révolutionnaire qui dévoile la clé qui vous permettra de trouver la raison de votre existence. *En d'autre termes, ne perdez pas votre temps à vous demander ce que le monde fera pour vous mais demandez-vous ce que vous ferez pour le monde. Demandez-vous en permanence en quoi votre vie sera unique, en quoi elle sera d'une façon ou d'une autre une source d'avancement pour le monde. Demandez-vous ce que vous pouvez faire ; cherchez la raison de votre existence ; vous êtes porteur d'un message pour le monde mais vous l'ignorez encore sans* *doute mais si vous cherchez à savoir lequel sans relâche, vous le trouverez.*

Trouver sa voie demande donc du courage. Cela demande du courage parce que dans la majeure partie des cas si ce n'est toujours, elle nous mettra à part et la démarcation sera ostensible. Les autres, fidèles serviteurs du schéma conformiste de la société qui a déjà tout décidé pour nous, trouveront étrange que vous soyez si différent dans vos choix (tout en clamant et reconnaissant que chaque homme est unique. Paradoxal !). Il faudra du courage pour résister à leurs tentatives de vous décourager, à leurs critiques, à leur cynisme, à leurs railleries mais aussi il faudra du courage pour résister à vos propres doutes car la démarcation fait parfois peur. Le côté avantageux de suivre le schéma déjà tracé par la société pour nous est qu'il est celui que suit la masse, nous s'y sommes nombreux et donc rassurés. Le crédo c'est de suivre la majorité quelle que soit la raison car sans doute, la majorité ne se trompe pas. Ils ne sont quand même pas tous stupides pense-t-on !

Oui du courage il t'en faudra. N'attend pas l'aide de cette société pour trouver ton propre chemin, pour trouver de quel message tu es porteur pour le monde. Non ! N'attend pas son aide. Elle t'encouragera plutôt à être comme les autres, à être un consommateur. Elle t'incitera à toujours penser à toi sans même t'en rendre compte. Elle te fera croire que l'enjeu de la vie c'est d'avoir : AIE un diplôme ; AIE un travail, AIE beaucoup d'argent ; AIE une femme ; AIE des enfants et voilà tu as réussi ! Telles sont les priorités de tout le monde.

Un but plus grand t'attend et tu trouveras lequel dans une attitude de don. Cherche ce que tu peux offrir au monde je te le conseil, cherche ! Le but pourra être floue au départ, pour certains, il ne sera qu'une chimère, mais persévère à le rechercher. Fais silence dans ton âme et écoute le murmure doux de la voix qui te parle comme à tout le monde. Tu l'écouteras à chaque fois que tu feras silence dans ton âme. Elle te parle depuis mais c'est toi qui ne l'entend pas. Tu es trop occupé et inquiet à savoir ce que tu gagneras de ce monde. Dans l'agitation et le tumulte, tu ne peux l'écouter. Mais fais silence dans ton âme et demandes-toi le but de ta vie. Alors elle te dira que tu n'es qu'un simple pèlerin sur cette terre porteur d'un message.

De même qu'un voyageur s'arme de tout le nécessaire pour effectuer son voyage, de même durant ton voyage terrestre, certains outils te seront nécessaires comme un diplôme, un travail, un mariage et éventuellement des enfants. Mais il n'est pas nécessaire de tous les avoir ou de suivre une certaine chronologie. Ils ne sont que des outils mais pas le but de ton voyage. Ne commet pas l'erreur familière de croire qu'ils sont le but du voyage. Tout dépend du voyage que tu entreprends. Si tu veux te rendre dans une région chaude, tu emporteras des vêtements légers. Si tu veux te rendre dans une région froide, tu emporteras des vêtements chauds. Tu vois, le choix des outils et leur importance dépend du voyage.

Si tu as un diplôme, un travail, tu te marie, tu as des enfants, beaucoup d'argent, pour la société tu auras sans doute réussi, mais cela n'est pas forcément vrai. Elle attise le culte de la personnalité. Elle te fait croire que en ayant plus que les autres, en étant plus importants qu'eux tu te diriges tout droit vers la satisfaction suprême. Elle te fera croire qu'ils sont tes compétiteurs, que tu es sur cette terre pour les dépasser alors que tu y es pour servir. Elle te fera croire que c'est en ayant plus que tu grandis alors que c'est en offrant plus que tu grandis en réalité. Ne la laisse pas contrôler ta pensée par ses médias biaisés, pense par toi-même.

Veux-tu vraiment connaître le but de ta vie ? Demande-toi chaque jour ce que tu peux offrir au monde, demande-toi de quel message tu es porteur. Regarde le monde dans lequel tu vis, là où il y a la vie et l'avancement tu verras des hommes qui se sont battus pour que toi et ta génération en profite. Certains ont lutté pour les droits de l'homme, d'autres par le biais de la science, t'ont rendu la vie plus facile. D'autres t'ont rapproché encore plus de Dieu par leurs écrits inspirés de leurs propres expériences, d'autres par des réformes politiques, t'ont fait bénéficier d'un bon nombre d'avantages en tant que citoyen. Partout où tu jettes un regard, tu verras des hommes et des femmes d'une génération précédente qui n'ont fait de leur vie qu'une vie de don et grâce à eux, le monde a fait des bons en avant.

En gardant leurs images en tête, demandes-toi aussi ce que tu peux apporter, laisser pour la génération future.

Un être spécial est venu sur cette terre. Il est porteur d'un message pour le monde. Message qu'il ne peut trouver que s'il le cherche. Message qui si délivré, bon gré mal gré, ne sera que de l'intérêt du messager. C'est être spécial c'est toi. Ta vie peut te paraître insignifiante, tes origines bien modestes. Tu peux bien de te demander en quoi une personne comme toi peut faire avancer le monde. Tu peux rire de toi-même à cette idée en pensant que même dans ta propre famille ta parole ne pèse pas. Dans la routine du quotidien et le schéma tracé par la société tu peux croire que le simple enjeu de la vie se résume au « manger et au boire » ; que tu as été parachuté sur cette terre comme par hasard ou juste parce que tes parents se sont accouplés. Tu peux ainsi, louper comme plusieurs le grand thème de la vie qui lui te ferait percevoir que ta naissance n'est pas un accident mais répond à un but c'est pour cela que tu es différent des autres. En laissant ta pensée s'élevée au-delà du conformisme de la société, tes yeux apercevront dès lors le grand thème de la vie, tu te sentiras appelé à quelque chose de supérieur. Tu comprendras que tu as le pouvoir de changer les choses, que tu es un bâtisseur du monde dans lequel vivront les générations qui te succèderont et que c'est uniquement en cela, rien d'autre, que tu es appelé. Cette vérité transformera ta vie, notamment tes rapports avec tes semblables les hommes. Tu vivras du mieux que tu pourras, et lorsque le temps de partir viendra, le pèlerin que tu es quittera la scène ayant le sentiment d'avoir légué au monde et aux générations futures, le message qui était le sien.

Si vous voulez réellement donner de la hauteur à votre vie, lui donner une raison d'exister, méditez ces lignes et ne vous laissez pas distraire par les truismes de la société. Etudiez la biographie de certains grands hommes que vous admirez tout en vous posant la question de savoir ce que vous voulez apporter à votre tour. Laissez-vous influencer par leurs exemples et vous verrez qu'ils ont compris parfaitement ce proverbe soufi :

« *Ce que tu gardes est perdu à jamais. Ce que tu donnes est à toi pour toujours* ».

Ils ont choisi donné aux monde, lui laissé un héritage. Ils ont perçu derrière l'apparente banalité de la vie, le grand thème. Ils ont cherché leur but ou, l'ont juste découvert par hasard, mais toujours est-il dit qu'ils l'ont joué et ont embelli le monde par leur œuvre.

Cherche sans relâche ton but, pose-toi les grandes et bonnes questions et fais comme eux ; bénis le monde par tes œuvres. Que personne comme disait Mère Theresa ne vienne à toi sans repartir meilleur ou joyeux.

DES ACCESSOIRES MAIS PAS LE BUT DU VOYAGE !

"Puisse chacun avoir la chance de trouver justement la conception de la vie qui lui permet de réaliser son maximum de bonheur."

Friedrich Nietzsche

« Il y a des moments où il faut choisir entre vivre sa propre vie pleinement, entièrement, complètement, ou traîner l'existence dégradante, creuse et fausse que le monde, dans son hypocrisie, nous impose »

Oscar Wilde

« Rien de ce qui est matériel ne vous apportera le sens de la vie »

Anselme Grün

En lisant superficiellement ces lignes, on pourrait croire que vivre selon l'idée qu'on est un instrument porteur d'un message pour le monde demande de vivre sur les nuages et nier les plaisirs de la vie. Certains pourraient imaginer que cela consiste à vivre perché sur une montagne isolé du monde en perpétuelle méditation. Que l'essentiel de la vie, c'est de se créer un monde à soi, de vivre dans une bulle spirituelle et oublier le côté pratique de celle-ci. À trop méditer d'ailleurs, on n'oublie de passer à l'action or sans action, les plus belles méditations ne servent à rien.

Les plaisirs de la vie ne sont absolument pas à nier. L'amour, le sexe, l'amitié, une promenade, des voyages, l'argent, la réussite académique… sont des ingrédients nécessaires à la recette de notre vie. Regardez un mari heureux et vous saurez que ça femme le comble ; Rappelez-vous de vos moments de tristesse et vous comprendrez combien la présence d'un bon ami ou d'une bonne amie est importante. Souvenez-vous de cette belle promenade dans le parc qui vous a libéré de votre stress. Revivez l'émotion de cette cérémonie de graduation où après de longues années de doutes et de privations, vous avez enfin obtenu votre parchemin. Rappelez-vous du frisson qui a parcouru tout votre corps et vous a figé comme une statue de marbre lorsque pour la première fois votre regard a croisé le sien. Rappelez-vous de ses premiers cris, de ses tentatives infructueuses de s'essayer à la marche alors que vous l'encouragiez à faire un effort ; ses caprices de bébé... Rappelez-vous de votre entretien d'embauche lorsque vous caressiez le rêve de travailler dans cette entreprise et enfin avoir un salaire décent vous permettant de subvenir largement au besoin de votre famille. Rappelez-vous de la paix mentale que cette situation financière vous a procurée.

Tous ces souvenirs font partie intégrante d'une vie réussie. Ces plaisirs sont vitaux à l'épanouissement de l'homme et les nier serait comme nier l'existence du soleil. *« Un arbre qui grandit dans une caverne ne porte pas de fruits »* disait Khalil Gibran. De même s'isoler du monde à la poursuite des vérités spirituelles n'est pas nécessaire. Et s'il arrive qu'on porte des fruits dans notre « caverne » à qui bénéficieraient-ils ?

Cependant, si tous ces plaisirs sont légitimes et nécessaires à une vie épanouie, *ils ne sont absolument pas le but de la vie mais des accessoires* et c'est à ce niveau hélas, que nous faisons aisément la confusion. C'est-à-dire que vous pouvez jouir de tous ces plaisirs, mais passez néanmoins à côté de l'essentiel de la vie, avoir une vie inutile, terne et commune. De la vie de certains pourtant jaillira de la lumière, et l'inspiration. Alors la seule explication que vous trouverez sera qu'ils ont sans doute été choisi par Dieu pour une tâche spéciale ou qu'ils ont trois cerveaux de plus que vous ou la plus vide des excuses, qu'ils sont chanceux. Mais rien n'est plus faux. La seule chose qu'ils ont compris et pas vous, c'est que tous ces plaisirs quoiqu'ils les aient recherchés comme vous, ne sont rien d'autres que des accessoires et que pour d'ailleurs en jouir de la meilleur des façons, ils devraient leur arrimer un idéal élevé, le vrai but caché de la vie : *les utilisé pour être le meilleur instrument possible dont le monde serait béni.*

Je me rappelle sans doute comme vous l'excitation qui m'envahissait lorsqu'à l'approche de la rentrée scolaire, mes parents m'achetaient toute une panoplie d'articles et de nouveaux livres pour la nouvelle classe. J'attendais avec une impatience insoutenable le premier jour des classes pour utiliser mes feutres, mes livres flambants neufs, ma nouvelle tenue. J'étais surexcité à savoir qui serait mes nouveaux camarades, mes nouveaux professeurs. La plus belle du collège serait-elle dans ma classe ? Aurais-je comme professeur de mathématiques ce professeur moustachu ?

Mais une fois les premiers mois passés, que nous lever le matin et voir les mêmes visages devient coutumier, l'excitation retombe aussi violemment qu'elle avait démarré. C'est à ce moment qu'on est plus heureux lorsque la sirène retentie soit pour marquer la récréation, soit la fin de la journée. Les examens apparaissent alors et l'épuisement en même temps. Parfois, c'était le professeur qui était pressé de finir son cours comme si une urgence nous attendait à la maison. Mais fait étonnant, vous vous rappelez sans doute ces attroupements devant l'établissement à la sortie des cours. Ne sont-ils pas les mêmes qui semblaient être si pressés de rentrer et passent plutôt des heures précieuses à copiner? Certains dont la voix ne se fait jamais entendre en classe sont vocalement les plus dominants quand ils sont à la récréation pour parler de tous types de sujets. D'autres se font seulement connaître en tant que Don Juan du campus et si fiers d'eux, se prennent pour des dieux.

Tous ces plaisirs font partie de la vie scolaire. Seulement, certains se laissent distraire par eux et oublient le but suprême pour lequel ils vont à l'école. Mais d'autres le gardent à l'esprit. S'ils y vont, c'est d'abord pour être les meilleurs élèves possibles et décrocher leurs diplômes ; c'est le but qu'ils ont en permanence en tête. Ils jouissent aussi des récréations avec plaisir comme repos nécessaire à leur cerveau, ils en profitent aussi pour jouer avec leurs amis mais parfois, si nécessaire, utilisent la pause pour mieux comprendre un chapitre dont ils n'ont pu saisir la quintessence. Pendant ce temps, d'autres qui n'ont même pas perçu les un quart du chapitre flânent ici et là épris de tous types de divertissements et se disent que les élèves exemplaires en font un peu trop ou jouent juste aux « *petits saints* ». Est-ce donc une surprise lorsqu'à la fin de l'année ceux qui n'ont jamais perdu de vue le vrai but pour lequel ils étaient élèves sont récompensés et se démarquent des autres ? Est-il étonnant que ceux qui se sont laissés distraire du vrai but par les accessoires se retrouvent tout tristes et morts de regret ou peut-être juste des élèves communs et passables ? Les uns ont mis les divertissements scolaires à leur place, des accessoires qui agrémentent la vie scolaire et d'autres les ont pris pour le but et s'y sont noyés corps et âme et à la fin les uns sont heureux et d'autres tristes

La vie ressemble un peu à ce tableau de nos années académiques. Elle est plaine de plaisirs légitimes mais qui ne sont que des accessoires pas le but de la vie. L'amitié, le mariage, la recherche d'argent, un diplôme, le sexe, les enfants, les divertissements, la religion… ne sont que des accessoires importants qui ne devraient jamais se substituer dans notre esprit au but de notre existence. Le but de votre vie est la fondation sur laquelle tous ces accessoires sont censés reposer. S'il n'y a pas de fondation, ils ne servent à rien.

Mais beaucoup d'entre nous avons commis l'erreur de prendre ces accessoires pour le but de la vie. Alors nous nous laissons distraire par eux au détriment de la vraie raison pour laquelle nous sommes sur terre. Nous sommes comme ces élèves qui ont perdu de vue ce pour lequel ils vont à l'école. En n'ayant en tête que les accessoires, ils sont sûrs d'être sur le droit chemin tant ils flattent leurs sens. Mais ce n'est pas parce qu'ils sont de mauvais élèves, incapables d'avoir de bonne notes, c'est juste que la tendance qui règne dans l'établissement est trop forte et qu'ils sont naturellement pris dans le courant pour faire comme tout le monde et sans s'en rendre compte, le vrai but leur échappe.

Pareil dans cette vie. La tendance est tellement forte qu'elle nous entraine comme un dragon avec sa queue. Nous voulons ressembler aux autres, la différence nous effraye. Qui sera mon mari ou ma femme ? Combien d'enfant j'aurai ? Quel travail me donnera le plus d'argent ? Sont par exemple des questions plus intéressantes que chercher à savoir quel est le but de ma vie sur terre, ou quel rôle vais-je jouer ? C'est comme l'élève qui ne se préoccupe pas de savoir quel rang il veut occuper l'année qui s'annonce et quel filière il veut faire, mais plus de savoir quels seront ses nouvelles chaussures, ses nouveaux crayons, sa nouvelle tenue, ses nouveaux amis.

« L'élément tragique pour l'homme moderne, ce n'est pas qu'il ignore le sens de la vie, mais c'est que ça le dérange de moins à moins » **Vaclav Havel**

De même que les parents font tout leur possible pour offrir les accessoires académiques à leurs enfants pour qu'ils parviennent à avoir de bonnes notes (ce qui est le but ultime visé !) de même un mariage, des enfants, un travail, l'argent, un ami, un diplôme... ne sont que des outils qui nous aideraient à réaliser le but de notre vie sur terre mais ne devraient en aucun cas être le but parce qu'en effet, à la fin de l'année scolaire, un parent n'a jamais demandé à son enfants l'état de son matériel didactique, mais il lui pose juste une question ; « as-tu réussi ? » en d'autres termes, as-tu réalisé le but pour lequel tu es parti à l'école ? De la même façon, votre vie ne sera une réussite non pas en fonction du nombre d'accessoires que vous aurez eu, mais en fonction de la qualité du service que vous aurez rendu à l'humanité, c'est-à-dire du rôle que vous aurez joué.

Si notre vie dépend donc de ce paramètre, ce que nous devons d'abord rechercher c'est notre rôle sur cette terre puis nous soucier des accessoires qui nous seront utiles pour le jouer au mieux. Pour certains donc, un mariage serait un encombrement ; beaucoup d'argent une entrave à la progression et pour un autre, c'est la pauvreté qui serait un frein permanent. Pour une personne donnée, une licence serait suffisante et pour un autre, un doctorat nécessaire. Tout cela en fonction du rôle à jouer.

Il n'y a donc pas de routes préétablies, quelqu'un qui aurait d'avance décider pour nous et écrit notre agenda. Un sentier déjà déblayé pour nous et que nous devons juste suivre comme des moutons. C'est à nous de décider lequel emprunté et quel accessoire serait utile.

J'ai rencontré plusieurs personnes qui ne savaient même pas pourquoi elles faisaient des études, ou encore d'autres qui ne comprenaient pas pourquoi elles devaient se marier. D'autres qui étaient dans une relation amoureuse sans en avoir le cœur tranquille. Certaines qui travaillaient alors qu'elle n'en avait pas envie. Pleines de personnes qui faisaient des choses justes pour faire. Alors ma question était toujours la même : *« mais pourquoi fais-tu ces choses ? » ; « pourquoi te maries-tu ? » ; « pourquoi fais-tu donc des enfants ? » ; « pourquoi cherches donc-tu as faire un master ? »...* et j'ai eu à chaque fois la même réponse ou presque, un truc du genre : *« je le fais parce que c'est ce que je suis sensé faire ; c'est ce que tout le monde fait. Si je ne le fais pas, je serai bizarre pour les autres. »*

Voilà l'un des drames de la vie, *faire comme les autres*. C'est vrai, la société aime mettre tout le monde dans le même moule et pour peu que vous pensiez différemment, vous êtes logiquement lorgné du mauvais œil. Lorsque votre père s'attend à ce que vous soyez un avocat de renom après vous lui annoncez que vous arrêtez en licence pour être professionnel du cirque. Ou encore, lorsque vous renoncez à votre emploi bien rémunéré pour être missionnaire dans un coin perdu du monde ; lorsque vous dites n'avoir pas envie d'enfant, vouloir rester célibataire... de telles décisions qui font effectivement que l'on vous regarde d'un aire sceptique, critique et railleur même. Mais si réellement vous faites ces choix ayant le sentiment d'avoir trouvé un but à votre vie, tôt ou tard, la lumière jaillira de celle-ci et pour ceux qui vous critiquaient au départ, vous serez une source d'admiration et d'inspiration. Non seulement vous vous sentirez remplit de l'intérieur, dans votre âme parce qu'ayant le sentiment de faire ce pour lequel vous êtes né, comme une mission sacré, mais en plus, vous aurez le respect de vos semblables et la satisfaction de faire avancer l'humanité car, à chaque fois que l'humanité fait un bond en avant, vous avez un homme ou une femme qui a rempli son but sur la terre en utilisant les accessoires qui lui étaient nécessaires dans cette optique.

Ainsi, si vous voulez avoir une vie plaine, armez-vous de courage et POURSUIVEZ VOTRE BUT !!! Et non celui que certaines normes vous imposent. En trouvant votre but, vous trouvez qui vous êtes vraiment. Mais en restant dans le canevas du *« je fais comme tout le monde »,* vous ne saurez jamais qui vous êtes vraiment. Mais pire, jamais le monde n'aura la grâce de lire le message qui est en vous ou du moins, de lire la copie originale.

En chacun de nous se trouve un message unique, un message spécial qui éclot de nous lorsqu'on trouve un but à notre vie et qui doit être délivré au monde ; la raison de notre existence. Cherchez-le avec courage et foi parce que la route est souvent longue et parfois décourageante, mais persévérez, c'est la route qu'ont suivi les hommes et les femmes qui remplissent vos cahiers d'histoire. Puis, choisissez les accessoires qui vous seront utiles pour l'atteindre, un mariage, un diplôme, des enfants, beaucoup ou peu d'argent etc... Ou le tout à la fois. Mais sachez qu'il n'est pas forcément nécessaire de tous les posséder pour avoir une vie réussie comme la société veut vous le faire croire. Ne confondez pas les accessoires avec votre but, votre vie finira insipide et commune.

Martin Luther King l'a dit autrement en ces termes *: « lorsqu'un homme n'a pas encore découvert ce* *pour lequel il est prêt à mourir, il n'est même pas à même de vivre »*

E PLIRIBUS UNUM: *out of many, one!*

« Traite chaque personne que tu rencontres comme si elle était la personne la plus importante que tu rencontreras ce jour-là »

Saint François de Sales

« Une injustice où qu'elle se produise, est une menace pour la justice partout ailleurs car nous sommes tous pris dans un tissu de relations mutuelles »

Martin Luther King

Ceci est le moto des Etats-Unis d'Amériques signifiant que malgré leur diversité, il forme un seul peuple. En dépit de la multitude de races, de leurs différentes origines, ils sont tous liés en un seul point : la nationalité américaine !

Cette pensée les pousse vers une acceptation mutuelle, les unie pour faire face ensemble aux challenges ; ils sont plus forts unis que séparés. D'ailleurs, l'absence de cette pensée dans leur esprit conduisit à la sanglante guerre de sécession de 1861 à 1865. Ce triste épisode de la nation américaine exposa combien il est nécessaire pour des personnes partageant le même espace de s'accepter mutuellement quoiqu'elles puissent différer par certains aspects.

Si vous voulez être un vrai instrument de bénédiction pour le monde, cette vérité doit être constamment devant vos yeux comme une lanterne qui vous éclairerait dans ces jours d'obscurantisme. Vous ne pourrez jamais vraiment dans vos rapports avec vos semblables la mettre de côté car alors, vous vous laisserez distraire par nos différences et votre jugement et appréciation des gens sera complètement biaisé. C'est un véritable essuie-glace de l'âme qui vous fait accepter le fait qu'avant toutes nos différences, nous partageons un élément commun : ***notre humanité.***

Les hommes parlent de paix, ils parlent… encore et encore. Ils tiennent des colloques, des réunions extraordinaires, des sommets pour restaurer disent-ils la paix dans le monde. Puis après, avec la même énergie, se font la guerre. L'un se dit : *« si j'annexe ce pays, le mien sera stratégiquement positionné sur le globe, donc plus fort ».* Un autre pense : *« Pour la stabilité du monde, il m'est nécessaire de programmer un raid sur tel pays jugé dangereux ».* Ou encore : *« à cause de ta couleur de peau tu n'as pas le droit de fréquenter une telle école, de t'asseoir dans tel bus, de franchir telle limite… »*

À chaque fois que les hommes se sont laissés guider par de telles logiques, le monde a plongé dans l'horreur. À chaque fois qu'ils se sont laissés aveugler par leurs intérêts personnels, les différences ont grossies et ils n'ont point trouvé difficile d'exterminer une ethnie à coup de machette comme des chiens ; ils n'ont pu voir que malgré leurs différences morphologiques et pigmentaire, ils sont tous citoyens du même pays ; ils n'ont pu voir qu'ils sont donc frères, et au-delà de toute divergence, humain !! Non, ils n'ont pas vu tout ce qu'ils partagent mais juste ce qui les séparent. Ils ne leurs est donc point resté aucune humanité dans le cœur sauf pour « les leurs » selon leurs critères. Même l'innocente fragilité et la candeur d'un bébé n'ont pu ravivée la flamme de leur conscience déjà cautérisée que dans un acte de barbarie des plus insoutenables, ils purent avec aisance découper des bébés en les lançant dans les airs comme une balle de volley et les cueillant au passage par le tranchant de leur machette. Le seul péché du bébé : avoir « choisi » naître dans une ethnie différente.

Mais la barbarie n'était pas assez grande ! Certains devaient briller par leur génie en inventant tout type de méthodes ingénieuses juste pour plonger leurs frères humains dans encore plus d'agonie. Trancher un coup ou un bras avec une machette limée est plus aisé et peu réduire la souffrance de la victime. Pourquoi ne pas la prolongée ? Pourquoi ne pas ainsi utiliser une machette non limée ? Certes, le labeur sera long, mais quelle jouissance de voir la victime se tordre de douleur et supplier l'assaillant de l'achever une fois pour toute. N'est-ce pas intéressant ? N'est-ce pas attrayant comme spectacle ?

Le monde assista à ces évènements en 1994 lors du génocide rwandais. Mais dans les ténèbres, à l'arrière-plan, la pièce était montée depuis fort longtemps par les metteurs en scène. Avides de leurs intérêts pour encore plus de puissances, de richesses pour leurs pays, la pensée du sang innocent qui retomberait sur eux ne les effraya point. *« Tant qu'il s'agit du sang humain, ok ! Mais là, il s'agit de sang de cafard. Pourquoi donc mettre de côté nos intérêts pour un sang de cancrelat ?? »*

Où étaient les dignitaires du monde pour voler à la rescousse de ces pauvres gens sans défense ? Ne disent-ils pas dans leurs sommets qu'ils veulent apporter la paix dans le monde au point de se doter d'une armée dont la seule mission est d'incarner cet objectif ? Pendant trois mois, par une importante couverture médiatique, le monde a assisté à cette horreur et personne n'a bougé le moindre doigt. En fait, c'était juste une distraction pour les uns, un amusement pour les autres de voir cette charcuterie humaine. Mais lorsque l'armée qui est dite de « paix » est sur le terrain juste pour protéger et expatrier les vrais êtres humains à la pigmentation claire et laisse l'atrocité se poursuivre c'est l'incompréhension la plus totale. Un homme témoin de ce drame se demandait si cela était explicable, si l'homme pouvait réellement tomber si bas. À l'époque de ces évènements je me posais la même question et d'ailleurs, elle titille parfois mon intellect lorsque je revois ces images. Mais je le sais, oui, l'homme peut tomber si bas non parce qu'il est méchant, mais parce que son âme est brouillée et il ne perçoit pas certaines vérités.

   La paix ? Dans ces sommets ? Possible aussi longtemps qu'on comprendra que nous sommes tous un.

   Si tu veux vraiment être utile au monde, si tu veux être un instrument de bénédiction pour ta race, si tu veux suivre le sens de la vie, cherche à voir la grande image du monde dans lequel tu vis et chaque jour agrandis là. Plus tu l'agrandis, mieux il te dévoile sa beauté. Ne te limite pas à la petite image du monde. Vois le grand dessin.

   Tu fais partie d'un Tout, comme chaque être humain fait lui aussi partie de ce Tout. Et ce Tout n'est autre que le monde dans lequel tu vis. Si tu juges qu'il y a une catégorie d'hommes qui ne méritent pas de vivre, si tu trouves qu'il y en a qui sont des sous hommes, si tu penses que tu es supérieur à certains ou que le monde peut se passer d'une telle race, ethnie ou peuple, alors c'est toi le premier sous homme et tu brilles par ton obscurité intellectuelle.

   Comment peux-tu penser que ton cœur est plus important que ton œil ? Tes bras plus membres que tes pieds ? Tes poumons plus utiles que tes dents ? Lequel de tes doigts peux-tu délibérément te passer ? Si la cornée *disait à l'iris : « voilà, je suis mieux que toi, et je pense qu'il serait bon pour mes intérêts que je t'extermine » ton œil existerait-il encore ?*

Ton corps humain est une merveilleuse leçon de relation humaine. C'est une leçon qui te fait comprendre que de même qu'il n'y a pas de plus grand ou de plus petit membre en termes d'importance, de même il n'y a pas de plus grand ou plus petit hommes. De même qu'il te fait saisir que tous les organes, les membres et les parties de ton corps travaillent de concert et constitue ton corps, de même saisit ad vitam aerteman que chaque humain est une partie du monde.

Chaque fois que tu as à faire à une personne, demande-toi donc : est-ce l'œil du monde ? Est-ce la bouche ? Est-ce le poumon ? Est-ce le rein ? Est-ce l'orteil... ? Quoi qu'il en soit, c'est une partie du monde !!

Fais donc tout ton possible pour ne laisser aucune « empreinte de mort » sur une tierce personne soit par ta parole, tes actes mais laisse-lui la lumière. Ce n'est pas juste lui, simple être humain que tu affectes, mais vois le en tant qu'une partie du monde. Vois-le en tant qu'une partie connectée à d'autres parties comme tes organes le sont. Si tu pinces un de tes doigts, tu en ressens la douleur certainement dans toute ta main et parfois dans tout ton corps. De même, si tu affectes un homme, tu le sais, il a sans doute une famille, il est donc relié à d'autres parties individuelles du monde. Ainsi, tu ne l'affectes pas seulement lui, mais les membres de sa famille. Tu affectes donc une partie du monde connectée à d'autres parties, l'effet exactement comme dans ton corps se répandra. Ce n'est donc plus lui seulement qui souffre, mais le monde en un mot ! Avant donc de t'emporter, de prendre une décision inappropriée envers quelqu'un RE-FLE-CHIS !

Cependant, il arrive parfois qu'une partie du corps soit malade et il lui faut un traitement. Le traitement est parfois douloureux, parfois doux et paisible ; court ou long mais quel que soit le traitement un seul but est visé : soigné l'organe malade.

De même dans tes relations humaines, tu trouveras des gens à détester, des gens à haïr de toute ton énergie, tu énuméreras toutes une panoplie de raisons pour justifier ton attitude et sans doute que tu auras raison. Mais résiste à ne pas laisser « l'organe » que tu es être atteint par de telles émotions toxiques. Dans de tels cas, vois de telles personnes toujours comme des parties importantes du monde, mais des parties malades. Applique dès lors le remède adéquat en fonction du cas. Pour certains, une douce réponse aura le même effet qu'un topique à base de miel sur une gorge enflammée. Pour d'autres, un vif oukase serait approprié et serait aussi efficace qu'un collyre qui endolori l'œil pour un moment mais qui par la suite, rétablie son acuité visuelle. Pour une autre catégorie, un silence de cathédrale, symbole de ta grandeur d'esprit aura plus d'effet dans l'âme des assaillants qu'un coup de poing. Quelle que soit ta réponse, ton but doit être de rétablir cette partie malade du monde et non l'a détruire. Mais tu ne peux savoir quel remède appliquer si toi-même tu ne t'es armé de cette vérité qui te ferait voir tous les hommes comme une partie du monde.

Proportionnellement à ta compréhension de cette vérité quelque chose naîtra en toi, une arme puissante : l'amour pour tes semblables. Une fois guidé par ce sentiment, toutes les barrières qui te séparent des hommes tomberont en lambeaux. Tu comprendras que ces barrières n'existent que dans ton propre esprit à cause de tes préjugés. Tu ne verras plus le disciple de Mahomet d'une part et celui de Jésus-Christ ; tu ne verras plus le noir et le blanc comme deux êtres différents de la création ; les langues, les tributs, les ethnies, les nationalités... toutes ces différences apparaitront à tes yeux comme les merveilleuses couleurs des plantes dont découle la beauté a un jardin. Tu verras chaque fois que tu rencontras un homme différent comme une bibliothèque ouverte et gratuite où tu pourrais élargir ta connaissance du monde. Tu pourras vivement défendre la famille en étant contre le mariage de même sexe tout en dînant à la même table qu'un gay ou une lesbienne. Le frais et doux sourire que tu réserverais à un hétéro serait aussi le même que tu leurs réserverais. Tu comprendras enfin que comme tes membres sont différents mais forme un par le biais de ton corps, de même les êtres humains sont différents mais forment tous un : le monde dans lequel tu vis.

Si cette vision romantique du monde charme ton intellect, ne la limite pas à une simple vision romantique, vois-la comme une vision pratique. Lorsque tu regardes ton corps, considères-tu le reflet du miroir juste comme une vision romantique ou comme un véritable reflet ? Tu le sais, c'est un véritable reflet. Aussi longtemps que ton miroir est clair, tu perçois parfaitement les contours de ton corps. Mais lorsque tu mets un temps sans le nettoyer, et que la poussière s'y installe, ta vision est brouillée, tu verras certainement des défauts sur ton corps qui ne sont pas vraiment toi. Le désir avide du matérialisme déforme la vision des hommes. Alors, ils ne s'apprécient pas comme cela se doit. Leur âme est brouillée et voit dans celle des autres des déformations imaginaires ou les grossissent. La peur les envahis et ils se voient comme des ennemis qui convoitent l'un comme l'autre les biens de son semblable. Plus ils s'affrontent, plus leur vision est déformée ; plus elle est déformée, plus ils s'affrontent et donne l'impression que tel est le monde. Mais ils ont tort. Ce n'est pas le monde qui a un problème mais eux-mêmes.

Il te sera facile de retomber dans le flot de la recherche ultime du matériel après avoir contemplé cette vérité. Tu y retomberas avec la vitesse de l'éclaire sans même t'en rendre compte et alors, ta vision redeviendra brouillée, tu verras juste ce qui te diffère des autres, les barrières se dresseront et certains seront vus comme des ennemis. Comprends des lors que tu dois nettoyer le miroir de ta conscience de la poussière des préjugés. « C'est de l'intérieur de lui-même que l'homme fait le monde tel qu'il le voit » disait William Shakespeare. Rappels-toi s'en !

Nous sommes tous un, et vous faites partie de ce tout ! Loin d'attendre que des lois soient votées et que les gouvernements les acceptent à l'unanimité et commencent à réellement se comporter en conséquence, commencez vous seul. Vous êtes seul dans votre voyage de pèlerin et seul vous le finirez. Peu importe que dans plusieurs parties du monde, certains évènements laissent croire que cette vérité est piétinée, si vous y avez cru, suivez-là et votre regard sur le monde changera lui aussi et notamment de vos frères les êtres humains.

Pour une paix durable dans le monde, (une vraie !) nous devons nous unir à la pensée de **Jimi Hendrix** : *« quand le pouvoir de l'amour aura dominé sur l'amour du pouvoir le monde connaîtra la paix »*. **<u>En d'autres termes, lorsque l'amour de l'intérêt commun aura dominé sur l'amour de l'intérêt personnel alors le monde connaîtra la paix.</u>**

Mais avant que cela n'embrase tout le monde entier, que cela commence d'abord par vous.

Tu as un énorme travail à faire

C'est le travail silencieux de créer plus d'amour dans le monde

Eileen Caddy

LA FACE CACHEE DES DIFFICULTES

L'homme sage n'en voudra jamais à la vie, car à travers son non-sens, il y découvre un sens plus profond. Il accepte ce qui le contrarie, et la fermeté de son âme lui donne la force de faire de l'épreuve une opportunité.

Au moment où vous souffrez, pensez qu'un jour vous considérez cette expérience comme une richesse. **Omraam Mikhaël Aïvanhov**

Un jour, alors que je me baladais en plein centre-ville de Toronto communément appelé *Downtown*, mon attention fut attirée par tout ce qui se passait autour de moi. Une foule de personnes pressant le pas sans doute en direction de leur lieu de travail. D'autres, notamment les femmes, semblaient scotchées devant les vitrines des magasins certainement en train de se demander quelle méthode elles utiliseraient encore pour « essorer » la carte de crédit de leur mari. Le long des rues, se trouvaient d'innombrables personnes qui s'éternisaient sur les terrasses des cafés ... J'observais, j'observais, j'observais.

Soudainement mon attention fut de nouveau attirée vers un autre spectacle. C'était un édifice imposant qui était en train d'être construit comme d'habitude dans le coin. Une armée d'ouvriers s'attelait à tout type de tâches et un bruit assourdissant y provenait. Les uns coupaient l'acier, tournaient le béton, et d'autres creusaient des trous profonds et immenses où seraient placés certains piliers. C'était un endroit mouvementé.

À l'écart, je vis un homme d'une allure vestimentaire différente des autres, il observait le travail et semblait donner des ordres. L'idée me vint à l'esprit de savoir quand finirait les travaux, quand est ce que la ville bénéficierait de ce chef d'œuvre architectural. Je su instantanément que c'est à ce monsieur que je devrais m'adresser. Toutefois, son air sérieux et concentré laissait croire qu'il n'avait pas de temps à offrir aux questions d'un profane, mais mon opiniâtre curiosité ne tint pas compte de cette barrière et je dû m'approcher de lui pour la satisfaire. Quand exactement s'achèveront les travaux lui demandais-je ? Tout d'abord, il me jeta un regard si répulsif comme pour me faire entendre que je le déconcentrais mais lorsque je lui dis que j'admirais son travail et que c'était la raison de ma question, ses yeux s'illuminèrent comme s'ils avaient avalé le soleil (ah ! Comme les hommes aiment être appréciés) puis il me répondit dans trois mois.

À cet instant, je jetai encore un coup d'œil vers cette armée d'ouvriers en train de donner progressivement vie à l'immeuble. Puis, mon esprit me projeta trois mois en avance. J'imaginai alors cet immeuble dans toute sa splendeur. Je le vis se dressant fièrement au-dessus des autres et objet de toutes les affections. Les badauds s'y prenaient en photo pour immortaliser l'instant. J'imaginai ses ascenseurs supersoniques desservants plusieurs étages et empruntés chaque jour par une foule de personnes. Je vis aussi les magasins de luxes qu'il abriterait. À des étages inférieurs, je vis tout un large espace réservé aux restaurants et fast-food et des queues interminables. Je vis aussi le personnel qui serait chargé d'offrir un passage agréable et inoubliable aux clients. Du personnel de nettoyage au personnel de sécurité en passant par le service à la clientèle.

Mon imagination me fit percevoir combien ce serait un endroit plein de vie. Mais quel différence avec ce squelette poussiéreux qu'il est à cet instant ; quel paysage chaotique qu'est ce chantier où le matériel s'enchevêtre et ce mêle au tohu-bohu des grues qui avec la dextérité d'une danseuse étoile, posent les blocs qui constitueraient les différents étages les uns sur les autres. Cette image est si loin de ce qu'il sera d'ici trois mois, il y a presqu'aucun rapport si ce n'est aucun. Pour le profane sans l'aide d'une imagination vive, difficile de donner un sens à ce qui apparait pour lui comme une énigme, un code à déchiffrer. Par contre, pour l'homme en cravate qui observe et donne les ordres, je dirais, pour l'architecte, ce chaos, cette énigme, cet amas de matériel qui s'enchevêtre, cette armée d'hommes orange… a pleinement son sens ; tout est à la bonne place et suit le juste cours. C'est un chaos apparent, mais un ordre certain ! C'est une œuvre d'art en progression qui plus tard, offrira de la distraction à des milliers de personnes ; sera une source d'emploi et de revenus pour la ville… *une source de bénédiction !*

Regardez cet homme se tenir avec toute assurance devant ses semblables ; regardez-le sujet à toute l'admiration. Regardez cette statue qui lui est dressée pour que jamais le monde et les générations futures n'oublient son œuvre. Regardez comme certains se pressent à dire qu'ils voudraient lui ressembler. Il vient à l'esprit de très peu que l'homme qui aujourd'hui est presque vénéré, dont l'œuvre est si louée, n'était rien d'autre qu'un simple homme parfois si négligeable que personne ne put voir en lui celui qu'il est aujourd'hui. La vaste majorité fait si vite l'erreur de penser que son ascension fut pavée par son génie, des dispositions spéciales qui ne sont d'autres que des cadeaux divins. Possible ! Mais la pure vérité est qu'en fait, de tels hommes ont su dans le silence et la méditation perçus ce que les autres n'ont pu voir, ou ont refusé de voir. Ces hommes ont vu ce que j'appelle *la face cachée des difficultés*. C'est elle en fait qui pour la plus part pour ne pas dire pour tous est la source de leur génie. Ils ont compris la peine dans l'âme parfois, que ces difficultés et obstacles n'étaient en fait que des bénédictions déguisées, et ne feraient que bâtir progressivement un homme solide, fort et sage, ossature adéquate pour soutenir le rêve, l'entreprise noble qui anime son être tout entier et dont la race aurait usufruit. Lorsqu'ils se retournent et voient leurs parcours, ils savent humblement que leurs œuvres qu'ont acclame aujourd'hui ou encore leur supposé génie n'est que la résultante d'un homme transformé pas de nombreuses luttes. Charles De Gaulle dans ses *Mémoires de guerres* voyait sans doute juste lorsqu'il disait que la difficulté attire l'homme de caractère car c'est en l'étreignant qu'il se réalise lui-même.

Lorsqu'un homme a un rêve noble, lorsque son intellect est caressé par le désir d'être utile ou lorsqu'il poursuit une juste entreprise, peu importe l'échelle, qu'il soit sûr et certain que dès lors, son âme est le siège d'un vaste chantier dont la durée est généralement proportionnelle à l'ampleur de son ambition. Parfois, se sont-elles qui suscitent l'ambition et constituent souvent à son insu, la toile de fond de son œuvre. Quelles soient un catalyseur ou instigatrices d'une œuvre, une chose est sûre c'est que lorsqu'elles se présentent à l'homme celui-ci devient, je l'ai dit un homme en plein chantier, un homme en construction. Et comme l'édifice décrit plus haut, l'homme qu'il deviendra plus tard semblera n'avoir aucun rapport avec l'homme qu'il fut.

La vie est faite d'obstacles et de difficultés qui rendent bon nombres perplexes et les poussent à la conclusion qu'elle n'a pas de sens. Ils sont comme les profanes qui observaient le chantier dont j'ai parlé plus haut qui ne comprenaient rien à tout ce cafouillage de matériels. Tout cela paraissait être une énigme. Cependant, même le pire des profanes sait sans n'avoir eu aucun cours d'ingénierie ou d'architecture que même s'il ne comprend pas grand chose à toute cette compilation de béton et ce réseaux de tuyaux oranges, c'est clair pour lui qu'un édifice est en train d'être construit.

    Si l'homme se munissait d'un microscopique spirituelle à forte résolution, il ferait plus vaillamment face aux obstacles ; il ne penserait plus que la vie n'a pas de sens lorsqu'il rencontrerait des difficultés. Parce que ce qu'il verrait alors c'est le vaste chantier qui prend place dans son âme ; il verrait d'innombrables ouvriers perpétuellement à la tâche. Chaque peine, chaque désappointement, chaque larme versée ou soupir, chaque déception ne sont que des ouvriers à la tâche dont le retentissement véhément des marteaux résonne dans son âme. Son être tout entier est mis sous tension comme les câbles d'un pont suspendu lorsque parfois ses questions ne trouvent pas réponses et que ses plus vivent et saintes prières semblent se perdre dans l'éther, ou que Dieu semble si sourd d'oreille. Mais seconde après seconde, à son insu, le vaste chantier suit son cours, sa vision de la vie change subtilement, les ouvriers qui ne sont que toutes ces fortes émotions produites dans son âme poncent sans relâche les scories de son caractère, le revêt d'une fine couche de volonté inoxydable, celle qui fera dire de lui plus tard comme il fut dit pour Napoléon qu'il est un homme d'une volonté indomptable ou encore, chaque jour, alors que les blocs de béton, donc la succession d'épreuves, ne font que s'ajouter à l'édifice de son âme, lui, sous ce poids, est forcé de se poser les bonnes questions sur la vie et à rechercher la lumière. Dans le même élan, son caractère se bonifie et sa force grandit, son horizon s'élargit, les écailles de l'ignorance et l'obscurantisme tombent de ses yeux et une vision naît ou s'éclaircit.

N'est-ce pas dans le berceau des difficultés que nos inventeurs, nos savants, nos réformateurs, nos visionnaires... ont su trouver l'ingrédient du succès, de leurs œuvres qui aujourd'hui bénissent le l'humanité ? N'est-ce pas l'indélébile cachet des épreuves qui a façonné ce caractère si fort, courageux, mais aussi si doux ? N'est-ce pas l'éperon perpétuel de la souffrance qui a fini par produire cette sagacité intellectuelle autre fois si superficielle et parfois même moquée ? N'est-ce pas cette longue route solitaire paraissant si peu prometteuse qui a fini par forger au fer rouge cette patience d'aigle qui semble tout supporter jusqu'à ce que le but soit accompli ? N'est-ce pas la peine causée par ces échecs moraux dans la quête à la perfection du caractère, ce corps qui fait ce que l'âme condamne et qui pousse à s'écrier avec Saint Paul : *« malheureux que je suis ! Qui me délivrera de ce corps ? »* mais qui crée dans l'âme cette perle, ce bijoux pour les relations humaines qu'est l'empathie, ce désir de ne point juger les autres, mais de les comprendre et si possible les aider tant l'on est conscient de ses propres défaillances morales ? Si je me mettais a énuméré tous les bienfaits produits par les difficultés sur l'âme, cela suffirait pour écrire plusieurs volumes de livres.

Regardez ce jeune enfant né à Landport près de Portsmouth à Angleterre, collant des étiquettes sur les bouteilles de cirage à l'âge de 12 ans ou encore nettoyant les bottines alors qu'il doit se trouver à l'école. La tâche le répugne mais que faire d'autre, son père n'est pas assez fortuné pour continuer à le scolariser. Il est donc condamné à une éducation sommaire. Mais regardez-le plus tard, observez ses vêtements d'aristocrates ;

combattant infatigable du droit des enfants et de l'éducation pour tous et de nombreuses autres causes ; mais observez surtout l'effet de sa plume sur une page blanche qui lui valut sa notoriété mondiale alors vous verrez Charles Dickens. Plusieurs affirment que la précarité de son enfance fut la source de son inspiration et surtout de son infatigable lutte pour le droit enfants.

Regardez ce jeune garçon aux allures de sauvage dans une région perdue des Etats-Unis, le Kentucky et que très tôt, beaucoup considère comme paresseux. Issu d'une famille considérablement pauvre, d'un père manquant d'ambition et d'éducation. Lui-même comme son père, ne peut recevoir une éducation adéquate, et se contente pour un premier temps du travail de bûcheron mais son désir de s'évader de cette précarité le pousse à s'éduquer lui-même en développant un appétit vorace pour la lecture notamment la bible.

Regardez le très tôt affronter son premier chagrin comme-ci la misère ne suffisait pas ; la mort de sa mère alors qu'il n'a que 9 ans produit un si vif traumatisme en lui, mais ce n'était que le début. Plus tard, il fallait affronter le décès d'une autre personne qu'il aimait beaucoup, sa propre sœur décédée à l'âge de 20 ans, puis de sa fiancé, une jeune demoiselle dont il fut éperdument amoureux comme jamais. La pauvreté et les pertes tragiques auraient pu suffire, mais hélas non. Alors que bon gré mal gré il poursuit son éducation personnelle, il se lance en politique mais là aussi, fait face à de cuisants échecs en cascade. Toutes ces difficultés ne sont-elles pas la preuve du non-sens de la vie qui s'obstine à nous voler nos moindres espoirs de succès ? N'est-il normal pour le jeune homme de s'en plaindre et de grincer les dents contre elle comme un chien en ragé ? Non ! Depuis son parcours il en a vu assez, et à son insu, sa force a grandi.

Alors d'un pas ferme et sûr, peut-être pas rapide, mais sûr, il avance toujours et encore pour atteindre plus tard, son but ultime : la présidence de sa nation.

Mais à quoi ont donc servi au juste toutes ces difficultés ? Le but était-il juste de le retarder ? La réponse à cette question vint quelque temps plus tard, lorsque la nation entière fit face à la pire crise de son histoire, la sanglante et meurtrière guerre civile qui mit en péril l'Union. Pour que la nation s'en sorte et que l'Union soit préservée, il fallait à sa tête un homme avec des épaules assez solides, d'une endurance héroïque, qui pourrait encaisser la douleur sans rougir pour supporter le poids d'un tel fardeau. Mais il fallait aussi un homme dont à la force du caractère serait mêlé l'amour du prochain et l'intérêt commun. Et la crise avait justement trouvé un homme en place qui lui ferait face, qui sauverait ainsi la nation, signerait l'acte d'émancipation pour l'abolition de l'esclavage sur la base que tous les hommes sont égaux et qui à cet effet écrivit: «*Le premier jour de janvier, en l'an 1863 de notre Seigneur, dans tout État ou toute partie désignée d'un État détenant des esclaves, ceux-ci seront alors en rébellion contre les États-Unis, et seront désormais, et pour toujours libres* ». Cet acte d'émancipation lui valut, six jours après la fin officielle de la guerre civile son assassinat par un fanatique du Nord du nom de John Wilkes Booth. Mais malgré tout, il ne put entraver la légende que le temps avait avec beaucoup de patience construit.

Faites un tour à Washington DC et vous verrez tout un édifice dressé à la mémoire de cet homme afin que les générations futures n'oublient point son œuvre. Édifice qui attire des milliers de touristes et de jeunes en quête d'inspiration. Faites-en un tour, et vous verrez le pauvre, le paresseux, mais transformé par *la face cachée des difficultés ;* Faites-en un tour et vous verrez ABRAHAM LINCOLN.

Que serait devenu la nation américaine lors de cette épreuve de la guerre civile si leur président Abraham Lincoln n'avait pas eu un caractère préparé à cet effet par une vie passée tumultueuse ; si son parcours avait été douillet et simple, pavé de roses ? Aurait-il eu assez de courage et de bravoure pour faire face sans plier et rompre ? Absolument pas. Toutes ces peines, tous ces doutes et ces amères déceptions rencontrées sur son parcours et qui vues de loin semblaient être une injustice de la vie était cependant des ouvriers diligents qui dans le silence de l'âme, avec la lenteur d'un escargot mais la précision d'un gyroscope bâtissaient la charpente métallique de son caractère, fondation sur laquelle devait reposer un inimaginable fardeau plus tard et dont la vie des générations futures et le sort des esclaves dépendaient. Ce n'est donc pas un hasard si Abraham Lincoln était l'homme de la situation !

Je veux donc vous inviter à toujours fixer vos regards vers *la face cachée des difficultés*. C'est avec de la patience et la méditation qu'on parvient à contempler sa beauté et avec une larme qui dégouline de nos yeux, apprécier les cadeaux amers mais purs et sûrs qu'elle nous révèle. En contemplant juste la face évidente, la superficie, tout ce qu'on voit c'est sa laideur, la peine, son non-sens apparent, son injustice, sa conspiration... et tout cela neutralise le véritable travail qu'elle veut opérer en nous. Pour mieux four faire comprendre, je parlerai encore d'un autre phénomène que j'ai observé sur ce chantier de construction à Toronto.

Alors que j'observais le chantier, le vent souffla tout à coup. Alors le monsieur en cravate demanda que tout soit arrêté. Les travaux s'arrêtèrent pendant plus d'une heure.

Puis ils reprirent lorsque le vent s'interrompit. Mais soudainement, il souffla de nouveau et encore il fallait arrêter les travaux. Ce pourrait-il que les informations de la météo n'avaient pas été bien analysées. Alors le monsieur en cravate m'expliqua que aussi longtemps que le vent souffle, les travaux ne saurait continuer.

Lorsque nous marmonnons continuellement, que comme un gavroche notre visage se plis sans relâche et que nous le brandissons comme le drapeau dont le pays est **« *je souffre et la vie m'énerve* »,** lorsque les fréquences de nos jérémiades sont plus rapides que les pulsations de notre cœur et animent toutes nos conversations, les difficultés ne peuvent opérer une quelconque croissance en nous, ou du moins le processus est considérablement ralenti. Nos plaintes incessantes créent un « vent » qui souffle sur le chantier de notre âme, sur l'édification et la fortification de notre caractère et les travaux s'arrêtent.

Certes la peine est sans doute grande et celui qui poussé par un pseudo zèle spirituel vous dirait qu'il n'est pas juste de pleurer ou ne pourra comprendre que vous poussiez un soupir de lassitude n'est qu'un simple ignorant et un homme superficiel qui n'a sans doute na jamais connu la vallée de l'ombre de la mort. Ah ! Pleurez si nécessaire ; courbez l'échine peut-être ; poussez des cris de soupirs peu importe mais ne vous s'y éternisez pas. Une fois ce moment pris, cette pause consommée, reprenez la route. Contemplez encore et encore *la face cachée des difficultés*. Dites-vous : « *je sais bien ce qui se passe dans mon âme ; je sais qu'à cet instant le plus important des chantiers prend place. D'ici, derrière le murmure de mes pleurs et la lassitude de mon âme, j'entends le bruit des perceuses, et le rugissement des excavatrices... je sais que la charpente se met en place, et les étages sont superposés... Oui je sais plus que tout, quoique je ne le vois pas encore, mais je le sais, que dans le monde de l'invisible, en moi, se fabrique un homme grand et fort qui a sans doute un grand but à accomplir dans le monde plus que celui que je perçois et dont la naissance ne dépend que de mon abnégation à avancer. Plus tard je saurai que ici et maintenant était le moment décisif de mon existence »*

Mais j'ai encore observé un phénomène dans la construction très important et je m'en voudrai si je n'en parlais pas.

J'ai observé plusieurs chantiers (cette fois dans mon imagination), j'ai vu des personnes éprises de différents rêves se lancées à la quête de leurs objectifs. Chacune des personnes avaient pour objectif de bâtir un immeuble. Certaines étaient enthousiasmées à l'idée qu'ils auraient l'immeuble avec le plus d'étages possibles. Toutes commencèrent, mais par la suite, quelque chose se passa. Ceux dont l'immeuble aurait plus d'étage regardèrent à côté d'eux et virent que les autres avaient déjà achevé leurs constructions. Leurs mines se crispèrent. Alors, certains parmi eux décidèrent de presser le pas et de prendre des raccourcis : *Pourquoi respecter la bonne dose de ciment ? Accélérez le pas ! C'est juste 200 kg de moins que personne ne remarquera. Vous perdez un temps fou à vouloir respecter tous les codes, lorsque c'est compliqué, ne respectez pas les normes mais faites-le avec finesse pour que personne ne remarque ».* D'autres personnes pensèrent autrement *: « bahh... tout le monde autour de moi a achevé son immeuble. Hum ! Cet immeuble que j'envisage de construire je le vois être une merveille et il me tient vraiment à cœur. Mais il me demandera trop de temps et d'effort. Je risque être carrément le seul à être encore à la tâche dans les environs. Se serait trop moche et honteux. Je crois que je choisirai une option B, un* *immeuble avec moins d'étage. Il ne me passionne pas vraiment, mais après tout, l'important c'est d'avoir un immeuble»*

Alors un tremblement de terre est passé par là. Les premiers qui choisirent ignorer les codes de la construction n'eurent que leurs yeux pour assister à la destruction de leurs immeubles. Ils avaient commis des tricheries pour presser le pas et ne pas être à la traine et par la même occasion affaibli la structure de leurs immeubles. Ils s'effondrèrent comme un château de carte. Ils se dirent que personnes ne ferait attention et c'était vrai, personne ne fit attention. Mais seulement l'incorruptible œil de la nature avait tout vu, et les lois de la physique donnèrent leur sentence.

Les immeubles de ceux qui avaient décidé d'opter pour le plan B, d'abandonner leur magnifique projet initiale restèrent intact. Seulement ces immeubles portaient la marque de la tristesse. Pourtant on lisait en eux plein de potentiel, on voyait clairement que si leur construction était menée jusqu'au bout, selon le plan initial, alors ils auraient été des chefs œuvre. Au lieu de ça, ils finirent en cabanes.

Beaucoup ont eu de grands et nobles rêves. Alors, lorsque les difficultés se sont invitées sur le chemin et ont donné l'impression de bloquer leur progression, nous avons regardé autour de nous, et avons constaté que les autres semblaient réussir dans leur ascension ce qui nous a donné l'impression d'être les derniers. Alors pris d'un esprit de compétition, nous avons manqué de patience. Là où l'honnêteté a été testé sans résultat immédiat, alors on s'est essayé au mensonge et la perfidie, à quelques détournements qu'on a jugé sans importance et sans gravité. Le sourire à la lèvre nous avons atteint notre objectif. Seulement, ce que nous avons omit, c'est que notre caractère a été truffé de trous par cette attitude, et bientôt, lorsque la première secousse viendra (elle viendra tôt ou tard !), elle nous mettra à nu.

D'autres à cause des difficultés, ont trouvé un plan B de leur vie. Ils ont troqué leurs ambitions glorieuses pour l'ombre de leur ambition. Le monde aurait pu bénéficier de leurs visions, mais ils ont rabaissé leur standard, et rebroussé chemin et ont offert plutôt une pâle copie de leur existence.

Ah !!! Osez contemplez *la face cachée des difficultés* ; contemplez la avec soins et familiarisez-vous avec elle parce que vous rencontrerez toujours des difficultés. Mais en-là contemplant vous comprendrez que c'est le seul moyen de grandir et de s'émanciper ; vous verrez qu'elles vous apportent plutôt force, courage et plusieurs autres aptitudes que vous n'avez jamais rêvé possédé. C'est de ces qualités dont vous vous armerez pour offrir un meilleur service au monde. Et si vous perdez courage sur le chemin, rappelez-vous de cette sagesse amérindienne :

Ne te détourne pas de l'obstacle, n'essaie pas de fuir les difficultés. Lorsqu'il rencontre un rocher sur sa route, le fleuve ne remonte jamais en arrière. Il le contourne en glissant, joue avec lui comme le guérisseur qui murmure et enchante la blessure, ou bien il bondit dans une gerbe de lumière. Apprends à danser avec l'obstacle, si tu veux progresser.

LA FIN DU VOYAGE

Ce chapitre est le dernier de ce livre, je viens à peine de le décider. J'avais à l'esprit écrire un juste avant celui-ci, une idée me terrassait et je voulais là partager. Mais finalement, j'ai décidé de l'incorporer dans ce chapitre.

Cela fait bientôt quelque mois que j'écris ce livre et écrire un livre demande souvent ce qu'on appelle en langue anglaise « commitment », c'est-à-dire de l'engagement. Il faut parfois une sorte de motivation pour parvenir à mettre nos pensées sur écrit, trouver le temps adéquat parfois n'est toujours pas aisé ; cela demande souvent certains sacrifices, de l'isolement et effectivement de la persévérance lorsque des évènements malencontreux se dressent sur le chemin. Par exemple, je me rappelle avoir oublié de sauvegarder un chapitre entier qui m'a demandé des heures de concentration et puis paff !! L'ordinateur s'est éteint et j'ai tout perdu. Cela m'est arrivé par deux fois. Inutile de vous expliquer combien j'étais frustré sachant que j'avais pas mal d'autres choses à faire.

Néanmoins, écrire un livre est une belle expérience, il y a pas que cet aspect aux apparences négatives. Ce fut une sorte de voyage pour moi qui par ce chapitre, arrive à son terme. En écrivant ces lignes, une sorte de nostalgie m'envahit donc. Je repense aux premières lignes, à la chasse aux premières idées. Je me rappelle du choix des titres, de mes doutes sur la qualité de mon style, la difficulté à souvent trouver la motivation et toutes les perplexités qui peuvent accompagner la rédaction d'un livre. Mais une question majeure, plus important se mêle à ce parfum de nostalgie. Question qui en fait, n'est que le socle sur lequel repose la valeur du livre. Je me demande si mon but a été atteint ? Est-ce que selon mon plan initial, j'ai pu trouver les idées justes pour véhiculer aux lecteurs ma logique sur le sens de la vie ? Est-ce qu'en parcourant le livre, je suis satisfait du travail accompli ? En d'autres termes, est-ce que le but du « voyage », qui s'achève à cet instant a été atteint ?

Admettons que je ne sois pas satisfait, qu'un bouillonnement intérieur me dise que je n'ai pas donné le meilleur de moi et que certaines idées sont trop légères ou encore le texte est truffé de fautes. Cette alternative quoique embarrassante, n'en n'est toutefois pas si grave. Je peux toujours rectifier une portion de texte, y soustraire une idée et y ajouter une autre. J'ai toujours le contrôle sur le voyage et je peux faire un « come back » à n'importe quel moment et lui redonner de la saveur.

Mais il existe des voyages où ce genre de volte-face n'est pas possible, tout ce qui est possible, c'est la récolte de ce qu'on a semé. Par exemple, que peut faire un étudiant qui, au lieu d'étudier ses leçons, s'est laissé distraire du vrai but pour lequel il va à l'école et qui le jour de l'examen remet sa copie ayant la conviction qu'il échouera ? Que peut-il faire ? Sa copie est remise. Il a beau être pris d'une soudaine conscience, il a beau se dire : *« ah... j'ai commis une erreur, j'aurai dû apprendre mes leçons »*, rien y fera. Toute une année d'investissement financier pour ses parents se retrouvera gâcher et c'est toujours quand le voyage tire vers sa fin qu'on prend conscience de l'inanité de tous ces divertissements interminables, ces virées en clubs chaque week-end qui nous promettaient joies et sensations fortes et nous miroitaient la laideur du sacrifice momentané, de la discipline et l'étude mais qui aujourd'hui ne peuvent plus rien pour nous. *« Ah !! Si seulement on pouvait repousser l'examen d'un mois »* ; « *Ah, je n'ai pas vu le temps filer, je ne suis pas encore prêt ; l'année scolaire ne peut se terminer maintenant ».* Hélas, elle se terminera belle et bien.

Mais regardez la fière allure des élèves qui n'ont jamais perdu de vu le but principal, ceux qui ont toujours gardé en tête l'examen final et qui ont tant bien que mal résisté aux différentes sources de distractions. La fin de l'année scolaire ne les effraye pas, ils n'ont pas besoin d'une prolongation, ils savent qu'ils ont eu le temps nécessaire pour remplir le but pour lequel ils sont parti à l'école. Maintenant, c'est l'heure des vacances, et de se reposer. À l'établissement, on se rappellera d'eux comme de bons étudiants.

Chaque voyage, qu'il soit métaphorique ou réel, lorsqu'il tire vers sa fin produit une sorte de nostalgie qui d'une façon ou d'une autre, nous pousse vers une sorte de bilan et soit laisse une saveur de regret amère qui se mêle à cette mélancolie ou une sorte de saveur de satisfaction dépendamment de ce avec quoi nous l'avons meublé. Même le plus important et le plus significatif des voyages n'y échappe pas. Nous affrontons la fin seul ; personne d'autre n'est avec nous. Impossible de faire marche-arrière, le gong a retenti, c'est l'heure de partir. Si vous n'avez pas apprêté vos valises, cela vous regarde. Si vous n'avez pas dit au-revoir à la tante Catherine, vous ne le lui direz jamais plus. C'est un voyage dont la fin est redoutée par l'espèce humaine, car les hommes le savent tous, une fois parti, c'est pour toujours. Ce voyage n'est autre que la vie et sa fin, la mort.

Plongés dans notre train-train quotidien, comme il est facile de penser que nous avons un temps illimité sur cette terre. Comme parfois l'alternative de la mort semble si lointaine ou encore destinée aux autres. Elle devient même souvent si banale, vu comme un mythe lorsqu'à longueur de journée, les médias font le bilan d'une centaine de personnes décimées ici et une autre par là. Nous nous s'y habituons, mais bon, ça c'est pour les autres. Nous le savons bien, après nous être amouraché avec notre chéri(e) et profité du délice sexuel, demain nous nous réveillerons avec plein d'énergie dans ses bras. Mensonge !!! Comment le savez-vous ? Qu'est-ce qui ne vous dit pas qu'il ou elle se réveillera avec un corps froid dans les bras ? Qu'est-ce qui ne vous dit pas que c'était votre denier baisé (encore que ce serait une chance pour vous) ? Comment savez-vous si toute votre débauche d'énergie pour gagner encore plus d'argent ne profitera pas à quelqu'un d'autre et ne sera pas à vous ? Comment savez-vous si vous aurez la chance de réaliser ce projet qui vous tient à cœur et que vous n'arrêtez pas de repousser à des dates ultérieures selon les caprices de votre humeur ? Vous dites : *« quand je serai marié.. »* ; *« quand j'aurai si ou ça... »* qui vous dit que vous survivrez à la seconde d'après ? Un avion qui s'écrase, un accident de voiture, un arrêt cardiaque, un tremblement de terre, une maladie… ça n'arrive pas qu'aux autres, ça peut aussi nous arriver à n'importe quel instant et mettre brusquement fin à notre voyage terrestre.

Mais quel est donc le but de la vie si nous ne sommes même pas sûrs que la lueur du lendemain caressera nos yeux ? Pourquoi donc se donner tant de peine au final? Pourquoi sommes-nous nés ? N'est-ce pas si déprimant de savoir que l'ombre de la mort nous épis à chaque instant et n'attend que nous engloutir ? Telles sont les questions qui nous taraudent parfois esprit ou lorsqu'au crépuscule de notre vie, nous sentons que notre barque s'approche alors du port et toute la richesse que nous avons accumulée, le pouvoir et la gloire après lesquels nous avons couru ne peuvent nous venir en aide, nous réalisons combien notre vie a été futile et j'imagine combien ce sentiment peut être si amère.

    Un grand mensonge est véhiculé parmi les hommes et c'est lui qui plonge tant de personnes dans la tristesse à l'idée de la mort. J'ai parlé de lui dans les chapitres précédents. C'est celui qui consiste à nous détourner du vrai but de la vie et diriger notre attention vers des choses importantes mais secondaires. Il nous fait croire que les choses qu'un homme doit rechercher avec ardeur et qui lui vaudront le cachet du succès estampillé sur sa vie seraient avoir une éducation, trouver un travail et fonder une famille puis attendre la mort. De profiter au maximum de tous les plaisirs possibles, d'en jouir et de les poursuivre sans arrêt. Tout est conçu pour nous occuper ; nos ordinateurs et téléphones deviennent nos meilleurs amis, internet, une véritable toile d'araignée dont nous sommes les proies. Le nombre d'heures que nous passons devant la télévision est incalculable à suivre des programmes dont le but pour la plupart est juste de nous distraire du vrai but de la vie. Mais pendant ce temps, chaque minute consommée nous rapproche du gong final. À chaque seconde qui s'égrène, vous-vous rapprochez inexorablement de votre mort. C'est un fait tangible !!

    Mais malgré ce triste tableau, si vous suivez le sens de la vie, si vous cherchez à voir les grands thèmes de la vie, l'idée de mourir un jour ne pourra vous effrayer. Vous serez comme un acteur qui sait que la pièce évidement a une fin, et que d'un moment à l'autre, il quittera la scène. Tout ce qu'il l'obstine, c'est de jouer à la perfection son rôle car il n'aura pas deux chances, il s'est préparé pour ça. Et lorsque que les rideaux tombent, et qu'il a le sentiment d'avoir joué son rôle, c'est avec le sourire aux lèvres et une sorte d'apaisement qu'il quitte la scène.

Chaque fois qu'un cri est poussé dans une maternité, ce qu'on voit en général, c'est juste un simple petit bébé qui donne de la joie aux parents. Voilà l'image que nous avons tous à l'esprit. Mais ce n'est pas juste un simple bébé que le médecin tient dans ses bras, c'est plus que ça et l'évènement est plus que sacré. Ce que le médecin tient entre ses bras est une magnifique et belle promesse pour le monde. Ce qu'il tient dans ses bras est un bébé certes mais qui possède en lui un message spécial qu'il devra délivrer au monde. Tel est le but de sa venue sur terre. La nature par un processus lent et complexe a pris le temps de le construire pendant neuf mois puis viendra le temps où lui-même se construira par ses choix et ses actions. Alors s'il suit le sens de la vie, s'il résiste à toutes les distractions de la société et s'enhardit à chercher quel est son rôle sur cette terre alors tôt ou tard, comme l'étoile de Bethleem, son but lui apparaitra, grand et beau… peut-être sera-t-il floue au début, mais au moins, derrière la banalité apparente de sa vie, la lueur de son étoile se laissera voir par lui et lui indiquera la route à suivre, l'ultime qui donne un sens à la vie : *le service !*

Il comprendra alors, qu'il est né pour délivrer au monde le message spécial qu'il a en lui. Qu'il est sur le globe pour faire avancer l'humanité vers tout ce qu'il y a de vrai, de pur et de beau. Il saura qu'il a une dette envers les générations passées qui bien avant lui ont travaillé dans différents domaines pour lui offrir les avantages dont il jouit aujourd'hui. Il comprendra que l'avion qu'il emprunte est le fruit du rêve et du travail acharné de ses pères ; que s'il est chrétien, la bible qu'il lit est la résultante d'hommes et de femmes, qui ont choisi écrire l'histoire en lettres de leur propre sang juste pour que les générations futures aient accès à la lumière de l'évangile. Il pourra comprendre que s'il n'est plus esclave et jouit de tous les droits de citoyen américain, c'est parce que l'homme dont la statue se trouve au **Lincoln mémorial** et qui porte son nom, a su voir que TOUS LES HOMMES SONT EGAUX aux yeux du Créateur peu importe la couleur de leur peau et signa l'acte d'émancipation abolissant l'esclavage des noirs et qu'il paya cet acte de sa vie. Il saura aussi que s'il peut s'asseoir dans les mêmes écoles que les blancs c'est grâce à la bravoure d'un homme qui n'eut pas peur de jouer son rôle, qui délivra le message d'égalité et de justice qui sommeillait en lui depuis sa naissance et qui poussa ce cri qui fit trembler le congrès américain: « *I have a dream* ». Il saura qu'il doit son confort dans un sens à beaucoup de nuits blanches d'hommes de science. Il verra que le grand Rabbin vint montrer sur terre la voie de la vraie religion, l'amour du prochain et non pas une série de dogmes encastrés dans trop d'administration ecclésiastique qui transforme les églises en salles de spectacle et que s'il espère à un quelconque salut, c'est parce que Lui, l'irréprochable, donna Sa vie pour lui. Il saura, que s'il est en vie aujourd'hui lui qui fait le fier, c'est parce que pendant neuf mois, une personne pris soins de lui, se priva de certaines choses pour le protéger et que lorsqu'il était prêt à se pointer dans ce monde, une équipe de personnes s'est chargées de le retirer du ventre de sa mère. Il comprendra la belle image de la vie, que tous les hommes sont utiles et qu'il y a pas de sous métier ; de même que le pays ne peux se passer du chef de l'Etat, de même la commune ne saurait se passé du boulanger ; que l'ouvrier est tout aussi utile que le Directeur ; que la propreté de la ville n'est possible que grâce à la contribution des balayeurs de rue ; que les enseignants forment ceux qui seront Présidents demain etc…

Alors comment ne se sentira pas redevable ? Comment pourrait-il assimiler la vie uniquement « au manger et au boire » ? Comment pourrait-il gober que la vie se résume à avoir un diplôme, un travail, fonder une famille et mourir ? Que s'il ne parvient pas à avoir l'un des trois, ça vie serait un échec ? Comment pourrait-il voir la vie comme une soif à l'accumulation des richesses et la chasse au pouvoir et aux honneurs ? Non, tellement il se sentira redevable prenant conscience de ce que les générations passées on fait pour lui qu'il saura que la grandeur d'une vie, n'importe laquelle se résume dans le service.

Alors, frappé par cette illumination, il pourra se demander : *« mais vous n'êtes plus de ce monde pour que je vous remercie pour vos sacrifices et des avantages dont je bénéficie aujourd'hui. Je vois juste vos statues, je lis votre histoire dans les livres et je visionne quelque documentaire de vous. Vous êtes comme éternels et je suis dans l'admiration quand je vois ce que vous avez accompli pour le monde, combien vous avez fait progresser l'humanité. Mais encore une fois, comment vous remercier puisque vous n'êtes plus de ce monde ? Devrais-je me prosterner devant vos statues ? Dites-moi comment ? »*

S'il cherche avec persévérance, alors il entendra le doux chuchotis de la vie : *« si tu veux nous remercier, tu n'as pas besoin de te prosterner devant nos statues, en fait, l'objectif n'est pas d'espérer qu'on t'en dresse une un jour. Nous n'avons fait que notre devoir en travaillant et nous sacrifiant pour ta génération. Si tu veux donc nous remercier, c'est très simple : fais de même pour les générations futures. Laisse la marque de ton passage sur la terre en travaillant pour elles et te sacrifiant pour elles.*

Il y a tant de causes à défendre, plein de reformes à faires, tant d'horizons à découvrir dans la science, tant de vérités a percé dans la religion, tant d'inégalités à combattre, tant d'amour à partager, tant de vaccins à découvrir, tant de livres à écrire, tant d'enfants à enseigner et à former , tant de pécheur à sauver... tant de choses à faire que tu ne saurais dire que tu ne peux apporter à ta façon un plus au monde.

Que ta vie soit consacrée au service du plus grand idéal, le service de la race alors, l'idée de la mort ne t'effrayera plus. Tu seras prêt à mourir à n'importe quel moment surtout pour ce pour lequel tu crois. Même les menaces des hommes n'auront aucun effet. Ne t'en fait pas, quand tu sais que tu te bats pour une juste cause, un courage indescriptible t'anime, car tu sais que tu ne fais que ce pour lequel tu es arrivé sur terre ; tu ne peux te détourner du naturel. Regarde par exemple le soleil, que peuvent lui dire les menaces des hommes ? Même une bombe nucléaire ne l'effrayerait pas. S'ils lui disent : « ne te lève pas demain » le lendemain au même endroit comme depuis 6000 ans il se lèvera et je l'entends leurs dire : « je ne veux pas vous offenser mais je n'ai pas d'autre choix que de me lever. Je suis soleil et c'est ma raison d'être ». Tous les éléments de la nature réagiraient ainsi.

De même, l'homme qui fait partie de la nature et qui a donc trouvé sa raison d'être n'a plus peur de la mort ni des menaces, il ne fait que ce qu'il trouve naturel de faire. Il devient du coup relié à quelque chose de supérieur et qui gouverne toute la création. C'est l'homme qui a une idée simpliste de la vie qui a si peur de la quitté. Il la voit trop terre à terre parce qu'il là résume à ce qu'il possède au lieu de la résumer à la qualité du service qu'il rendra. Or personne n'aime laisser ce qu'il possède ou qu'il croit posséder, mais quand on a le sentiment d'avoir accompli sa tâche on accepte l'idée de partir. Les hommes de pouvoir qui vous font souffrir sont ceux qui ne comprennent pas que le premier serviteur est celui qui est à la tête d'un peuple, ils pensent posséder le pouvoir alors ils ont du mal à le laisser ce qui n'est pas le cas de ceux qui veulent servir leurs peuples.

Voilà, tu sais maintenant comment nous remercier car c'est ainsi que nous aussi avons remercié la génération qui nous a précédé et eux ont fait pareil pour la génération qui les a précédé et cela sera toujours ainsi. Et aussi tu as découvert le secret de la mort, car elle ne pourra plus te terroriser par son aiguillon. Tu pourras la regarder en face et l'attendre sereinement ou lorsqu'elle sera soudaine, tu pourras être sûr d'avoir au moins semé les graines que d'autres générations récolteront.

Mais pour que ce soit effectif, n'oublie jamais cette vérité : **tu n'es qu'un pèlerin et tu partiras un jour**. *Cherche et joue ton rôle ! Il y a plus de tentations que tu ne l'imagines et plein de projets et de plaisirs aux fausses promesses qui essayeront avec vivacité de te détourner de ton but, mais toujours rappelles-toi :* **« je ne suis qu'un pèlerin, et je partirai un jour »**

Ces paroles vous concernent aussi. À l'instant où je termine ces lignes, je ne sais pas où exactement se trouve votre barque du port mais je sais une chose, dès demain, elle s'y rapprochera encore plus, ça sera le temps pour vous et moi de quitter le plancher sans rien y amener, ni mari, ni femme, enfant, ni possession, rien du tout. Les rideaux tomberont, et votre voyage s'achèvera. Il y aura pas possibilité de négocier, de corrompre la caravane de la mort, elle vous prendra un point c'est tout. Prenez un temps, posez ce livre un instant et dites-vous bien que aujourd'hui pourrait être votre dernier jour ou cette année la dernière. N'est-ce pas du temps gaspillé dans des haines inutiles, des jalousies et des disputes sans sens ? Vous avez mieux à faire. Ce monde a besoin de vous. Peu importe qui vous êtes présentement, si vous offrez votre message au monde, il vous écoutera tôt ou tard car c'est le progrès que vous lui apporterez.

Le jour fut si long et épuisant ; le soleil de votre vie bientôt disparait à l'horizon ; les ténèbres vous envahissent progressivement et seules les faibles lueurs de ce monde vous parviennent encore. Le silence emplis vos oreilles ; vous voilà en route vers un autre monde dont j'ignore les mystères et vous aussi. La respiration se fait lente et vos bras se rejoignent sur votre poitrine. Alors avant que vos paupières ne condamnent définitivement vos yeux, votre vie défile en filigrane devant vous ; vos luttes, vos doutes, vos fautes, vos erreurs, vos imperfections, vos moments de joie, vos moments de tristesse, votre recherche de la vérité, votre œuvre... puis une larme dégouline sur votre joue ; ce n'est pas une larme de tristesse mais une larme de joie car vous-vous rappelez de la promesse de la vie, qui tant de fois en guise d'encouragement vous a dit : « sers!! *Et la mort même brutale te sera paisible ».* Dans une dernière inspiration, et un dernier effort cérébral, la vision des générations futures vous apparait. Elles bénéficieront de vos travaux, vos luttes, vos inventions... de votre œuvre. À cette image, un sourire illumine votre visage et avec lui s'unit votre ultime expiration. Les pleurs déchirent le calme, et la tristesse se mêle au décor. Mais dans les sphères élevées, les êtres célestes et le Créateur du drame de la vic observent la scène et rendent hommage à cet homme dont l'œuvre par le service, fit voir la face du Père au monde. Dans les sphères célestes, ce n'est pas la tristesse, mais la joie ; c'est le moment de s'affairer et de préparer la couronne du vainqueur et le retour au bercail.

Alors sur le sable du temps, les générations suivantes marcheront et verront ces pas indélébiles, puis diront: *« oui ! Ces traces l'attestent. Un homme est bel et bien passé sur cette terre, voici ses traces ; suivons-les ! »*

« Vous êtes le sel de la terre. Mais si le sel perd sa saveur, avec quoi la lui rendra-t-on? Il ne sert plus qu'à être jeté dehors, et foulé aux pieds par les hommes.

Vous êtes la lumière du monde. Une ville située sur une montagne ne peut être cachée; et on n'allume pas une lampe pour la mettre sous le boisseau, mais on la met sur le chandelier, et elle éclaire tous ceux qui sont dans la maison.... » Mathieu 5-13

BIBLIOGRAPHIE

- Mandela, N. (1995). The LONG WALK TO FREEDOM: *The autobiography of NELSON MANDELA*. Boston; New-York; London: Little, Brown and Company.
- Thayer W. (1897). *ONWARD TO FAME AND FORTUNE or Climbing Life's Ladder.* New-York: The Christian Herald.
- X Malcom; Haley A (1965). *The autobiography of MALCOM X*. New-York: Groove press.
- Jézégou F; Meylhoc J.F. Dicocitations (en ligne). Consultée le 12 / 09/2014. http://www.dicocitations.com/
- Pepin C. LE BLOG DE CARL PEPIN, PH.D., HISTORIEN (en ligne). Consultée le 13/08/2014. http://www.dicocitations.com/
- WORLD SOCIALIST WEBSITE. 150 depuis la proclamation d'indépendance (en ligne). Consulté le 15/08/2014.

http://www.wsws.org/fr/articles/2013/mar2013/emanm13.shtml

- St-Pierre D. Stratégies de La vie quotidienne : idées et suggestions pour vivre pleinement (en ligne) consultée le 05/09/2014.

http://www.evolution-101.com/Pensees-pour-combattrele-decouragement/

Tables des Matières

Remerciements..2

PREFACE..4

INTRODUCTION..6

COMMENT TROUVER LE SENS DE LA VIE ?......................................10

LE SENS À SUIVRE..17

REPONDRE À L'APPEL..25

RIEN D'AUTRE QU'UN INSTRUMENT !..36

    L'UNIVERSITÉ DE LA VIE..49

LA JUSTICE DE LA VIE..57

LE POUVOIR DES HABITUDES..61

UNE GUERRE D'USURE..65

COMMENT TROUVER SA VOIE ?...73

DES ACCESSOIRES MAIS PAS LE BUT DU VOYAGE !............................81

E PLIRIBUS UNUM: out of many, one!...90

LA FACE CACHEE DES DIFFICULTES...99

    LA FIN DU VOYAGE..112

BIBLIOGRAPHIE...125

i want morebooks!

Buy your books fast and straightforward online - at one of the world's fastest growing online book stores! Environmentally sound due to Print-on-Demand technologies.

Buy your books online at

www.get-morebooks.com

Achetez vos livres en ligne, vite et bien, sur l'une des librairies en ligne les plus performantes au monde!
En protégeant nos ressources et notre environnement grâce à l'impression à la demande.

La librairie en ligne pour acheter plus vite

www.morebooks.fr

OmniScriptum Marketing DEU GmbH
Heinrich-Böcking-Str. 6-8
D - 66121 Saarbrücken
Telefax: +49 681 93 81 567-9

info@omniscriptum.de
www.omniscriptum.de